Rosemarie Winterer

Gäste in der Firma

Empfang ● Organisation ● Bewirtung

Rosemarie Winterer

Gäste in der Firma

Empfang ● Organisation ● Bewirtung

Urania-Ravensburger

Zum gleichen Themenbereich erschienen:
Marianne Kaltenbach: So ißt man das! Es gibt keine schwierigen Gerichte
ISBN 3-332-00600-2

Leonore v. Handel-Mazzetti: So empfängt man Gäste! Knigge für Gastgeber
ISBN 3-332-00601-0

Jeder Band 128 S., zweifarbig, 40 Illustrationen, Broschur, DM 19,90

Regina Zelms, Hans-Ulrich Meißner, Andreas Wellmann: Geschäftsreisen.
Perfekt planen – Gut organisieren – Zeit und Geld sparen
ISBN 3-332-00631-2
144 S., zweifarbig, 40 Illustrationen, Broschur, DM 19,90

Leonore v. Handel-Mazzetti: Kursbuch Gutes Benehmen
für Beruf, Karriere und Familie
ISBN 3-332-00630-4
224 S., zweifarbig, 120 Illustrationen, gebunden, DM 39,90

Die Deutsche Bibliothek – CIP-Einheitsaufnahme

Winterer, Rosemarie:
Gäste in der Firma : Empfang, Organisation, Bewirtung / Rosemarie
Winterer. - Berlin : Urania-Ravensburger, 1998
ISBN 3-332-00632-0

Umschlaggestaltung: DesignBureau Di Stefano
Illustrationen: Christina Huber
Lektorat: Dr. Marianne Jabs
Layout und Satz: Rex Verlagsproduktion, München
Druck: Magdeburger Druckerei GmbH
Printed in Germany
Gedruckt auf alterungsbeständigem Papier
mit chlorfrei gebleichtem Zellstoff

Vorwort

Kundennähe, Marktkommunikation, Beziehungsmanagement - das sind Begriffe, die die aktuelle Diskussion über Markt- und Unternehmenserfolg dominieren.
Naturgemäß fällt es nirgendwo leichter als im „eigenen Revier", zu seinen Gästen eine Beziehung aufzubauen, Wertschätzung zu demonstrieren und das Gefühl von Wichtigkeit und Bedeutung zu vermitteln.
Aber Achtung! Firmengäste zu haben ist weit mehr als eine konventionelle Übung, die man am Rande erledigen kann. Der Aufwand, den wir unseren Gästen zukommen lassen, ist eine unserer wichtigsten Investitionen in den Markt. Er muß daher wie jede andere Art von Investition auch gemanagt werden. Denn die Höflichkeit und die Umgangsformen, mit denen wir unsere Gäste in der Firma behandeln, prägen das Image eines Unternehmens. Sie sind wesentlicher Bestandteil seiner corporate identity.
In einer Zeit, in der sich viele Unternehmen einem nahezu identischen Kundenkreis anbieten, ist das Bedürfnis nach einheitlicher und unverwechselbarer Präsentation drängend. Ein CI-Konzept brauchen Unternehmen jeder Größenordnung. Hierzu gehört alles – von der Verpackung bis zu den Prospekten, vom Briefkopf bis zur Visitenkarte und den guten Umgangsformen der Mitarbeiter. Korrektes Benehmen, Taktgefühl, Diskretion, Ruhe und das Respektieren von Eigentümlichkeiten des Gastes sind Verhaltensweisen, die Sie als Normen in das CI-Konzept Ihres Unternehmens einbinden sollten. Dann werden Sie im Wettlauf um Kunden vorne liegen.

1 Wie empfangen Sie Gäste in Ihrer Firma?

Wenn gerade Sie, geneigte Leserin, geneigter Leser, in Ihrem Unternehmen damit beauftragt sind, Firmengäste zu betreuen, bedenken Sie bitte, daß es sich hierbei um eine Managementaufgabe handelt – geben Sie Ihr Bestes.

Der Gast wird Sie stets mit der Firma in Zusammenhang bringen. Wenn er sich an den Besuch erinnert, wird er sofort an Sie denken. Der Eindruck, den Sie, das Individuum, hinterlassen haben, wird ein wesentlicher Beitrag zu dem Bild sein, das sich Ihr Besucher von Ihrer Firma macht.

Kaum zu korrigieren: der erste Eindruck.

Ihr Erscheinungsbild

Wie gepflegt Sie auftreten, ist für Ihren Erfolg als Betreuer von Firmengästen von ausschlaggebender Bedeutung.
In den ersten Minuten haben Sie die stärkste Aufmerksamkeit Ihres Gegenübers. Ein nachlässiges Erscheinungsbild verschafft Ihnen kein gutes Image. Machen Sie dagegen einen guten Eindruck, werden dies Ihre Gäste als Zeichen von Wertschätzung interpretieren. Ihr Fachwissen ist wichtig, doch nicht immer die „Eintrittskarte“. Treten Sie gepflegt, gut gelaunt und gut gekleidet auf!
Unter „gepflegt“ ist zu verstehen:

- gepflegte Hände und Fingernägel
- angenehmer Körperge-

ruch – das Deo ist nicht nur bei Damen ein Muß
- Vermeidung von Mundgeruch
- Ein Hauch von Eau de Toilette oder Eau de Cologne, bei Damen und Herren. Damen sollten abends einen anderen Duft verwenden als tagsüber
- Die Haare müssen stets frisch gewaschen sein; ein Friseurbesuch sollte ca. alle vier Wochen erfolgen.
- Ein nicht ausrasierter Nacken fällt unter die Kategorie „ungepflegt“!
- Damen sollten tagsüber ein dezentes, gekonntes Make-up auflegen.

Lächeln Sie! Wenn Sie sich selbst mögen, wird Ihnen das nicht schwerfallen. Auch nicht, wenn Ihnen Ihre Arbeit Freude macht. Aber wenn der Tag einmal nicht zum Lachen ist? Denken Sie daran, daß der Tag sich nur zum Besseren wenden kann, wenn Sie Ihre Einstellung ändern.

Professionelle Kleidung

Gut und korrekt gekleidet sollten Sie sein. Viele Farb- und Stilberater beschäftigen sich mit diesem umfangreichen Thema. Für Ihre Rolle als Betreuer von Firmengästen hier die wichtigsten Punkte:

Jede Branche hat ihre eigenen Gesetze.

Passen Sie Ihre Kleidung Ihrem beruflichen Umfeld an. Es macht einen Unterschied, ob Sie in einer Bank, einem Handwerksbetrieb oder in einer modernen Werbeagentur Gäste empfangen. Wenn Sie Luxusartikel verkaufen, sind Sie mit einem Aktenkoffer aus Lederimitat fehl am Platz. Im allgemeinen ist eine dezente, eher konservative Kleidung angemessen. Achten Sie auf Qualität, verzichten Sie auf modische Extras und allzu auffallende Farben. Wählen Sie Ihr Zubehör mit derselben Sorgfalt aus wie die Basis-Kleidungsstücke. Ihr Äußeres sagt viel über Ihre Position und Ihren Erfolg aus. Sie sollten mit Ihrem Äußeren ein persönliches Markenzeichen setzen, damit sich Ihre Gäste bei Nennung Ihres Namens genau an Sie erinnern. Versuchen Sie es mit einer pfiffigen Kurzhaarfrisur, Ihrem unverwechselbaren Lächeln, mit der Farbe Ihrer Kleidung, mit Ihren Accessoires, mit einem Duft, der zu Ihnen paßt. Tragen Sie keinesfalls zu enge Kleidung (sowohl als Dame als auch als Herr), denn Sie erscheinen ganz bestimmt dicker, als Sie sind.

Arbeitskleidung mit Stil ist ein Muß.

Unterlassen Sie modische Gags wie piercing oder den Ohrring beim Herrn. Ein Herr mit Goldkette und Brillantring kann sein Gegenüber gewaltig irritieren. Verzichten Sie auch auf Statussymbole wie teure, auffallende Uhren. Solche Dinge verursachen bei Kunden oft große Abneigung. Es darf schon eine teure Uhr sein, aber dann im unauffälligen Design. Damit zeigen Sie Stil.

Bei der Businessfrau darfs schon ein bißchen mehr Schmuck sein. Lassen Sie trotzdem tagsüber Ihre klappernden Armbänder, Armbanduhren mit Gagmotiven, funkelnden Ringe und stark baumelndes Ohrgehänge zu Hause. Verzichten Sie auf ein tiefes Dekolleté, auf ärmellose oder gar transparente Kleider, auf Rüschenlook, auf sehr hohe Stöckelschuhe, in denen Sie ohnehin einen anstrengenden Tag nicht durchstehen können, auf sehr kurze und enge Röcke. Ihre Kleider sollten so eng anliegen, daß man sieht, Sie sind eine Frau, und so lose, daß man sieht, Sie sind eine Dame.

... für den Herrn

A – Anzug: Beim einreihigen Anzug knöpfen Sie nur den mittleren Knopf zu. Wenn Sie sich setzen, öffnen Sie stets das Jackett, damit es keine Querfalten gibt; beim Aufstehen müssen Sie es wieder schließen. Beim Zweireiher brauchen Sie, während Sie sitzen, die Knöpfe nicht zu öffnen; es ist jedoch ratsam (obwohl beim Schließen etwas mühsam), denn das Öffnen verhindert, daß sich der Anzug verzieht oder weitet. Das Stofftaschentuch geben Sie in die rechte Brusttasche des Jacketts. So halten Sie das Tuch zum Niesen in der linken (richtigen) Hand.
Die Rückenpartie des Jacketts darf keine Querfalten werfen, Rücken- und Seitenschlitze nicht abstehen oder spannen. Wählen Sie lieber eine Nummer größer. Weist das Jackett Längsfalten auf, ist es meist zu groß. Die Ärmel sollten bis zum Handgelenk reichen (Schneiderregel: ab Daumenkuppe elf cm).

G – Gürtel: In jede Hose mit Schlaufen gehört ein Gürtel! Er sollte nicht heller als die Hose sein und farblich zum Schuh passen. Entscheiden Sie sich für einen klassischen Ledergürtel.

H – Hemd: Der Hemdkragen sollte ein bis eineinhalb Zentimeter oberhalb des Jacketts sichtbar und die Manschetten etwa eineinhalb Zentimeter länger als die Jackettärmel sein.

Sollten Sie Maßhemden tragen, lassen Sie das Hemd ohne Tasche schneidern, das ist eleganter. Das Monogramm gehört in Taillenhöhe, nicht auf die Brusttasche!

H – Hose: Die richtige Hosenlänge erkennen Sie daran, daß der Umschlag vorn mit einem kleinen Knick den Schuh berührt und hinten am Beginn des Absatzes liegt.

J – Jackett: s. Anzug

K – Krawatte: Die Krawattenspitze endet am Gürtel. Das schmale Ende wird durch das Etikett auf der Rückseite gezogen und nicht in das Hemd gesteckt! Lassen Sie Ihre Krawatte sauber entknotet bis zum nächsten Umbinden ruhen. Wechseln Sie täglich Ihre Krawatte.

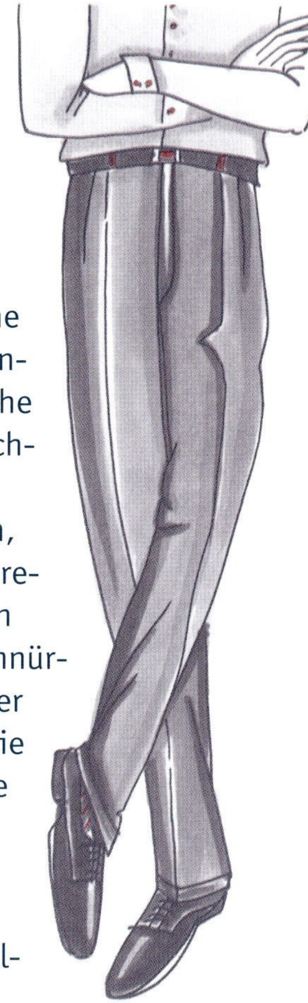

S – Schuhe: Schiefgetretene Absätze und ungeputzte Schuhe sind tabu! Wechseln Sie Ihre Schuhe täglich, damit sie sich regenerieren. Ein klassischer Schnürschuh aus Leder paßt immer. Die Kleidung sollte nach unten dunkler werden. Zu einer grauen, dunkelblauen oder schwarzen Hose passen schwarze Schuhe am besten; nach 20 Uhr sind sie bei offiziellen Anlässen ein Muß.

S – Socken: Zum dunklen Anzug, zur dunklen Hose gehören dunkle Strümpfe

(s. auch Schuhe). Die Socken bitte nicht zu kurz kaufen (stachelige Waden sind kein schöner Anblick). Und: Weiße Socken nur zum Sport!

W – Westen: Wenn Sie eine Weste unter Ihrem Jackett/Anzug tragen, schließen Sie sie, und lassen Sie den untersten Knopf offen. Das einreihige Jackett darf dann beim Stehen auch einmal geöffnet bleiben; Zweireiher werden immer geschlossen getragen.

... für die Dame

A – Accessoires: Gürtel sind immer aus Leder, schlicht gearbeitet und ohne auffallende große Schließen, damit sie sich nicht abzeichnen können. Farblich sollten Gürtel und Schuhe zusammenpassen. Schals aus Seide sehen edel aus.

A – Ausschnitt: Eine seriöse Ausstrahlung ist im Beruf unerläßlich. Ihr Ausschnitt sollte deshalb nicht tiefer als der Beginn der Achselhöhle sein.

B – Blazer: Die Ärmellänge reicht bis zum Handgelenk (Schneiderregel: ab Daumenkuppe zehn cm). Taillierte Jacken stehen nur schlanken Frauen.

B – Blusen: Niemals dürfen Blusen über der Brust spannen. Keine zu verspielten Details, keine großen Rüschenkragen, außer beim Landhausstil.

H – Hosen: Hosenanzüge haben sich in vielen Branchen durchgesetzt. Die Hose sitzt richtig, wenn Sie die Hände bequem in die Hosentasche schieben können. Unterwäsche darf sich nicht abzeichnen.

K – Kleid: Mit einem Kleid sind Sie immer gut angezogen, und mit einem schicken Schal oder üppigerem Schmuck kann es so aufgewertet werden, daß Sie direkt vom Arbeitstag in eine Abendveranstaltung gehen können. Kleider ohne Ärmel gehören nicht ins Berufsleben.

K – Kostüm: Immer professionell wirkt das Kostüm. Zum Sitz s. Rock und Blazer.

M – Mantel: Wählen Sie ein längeres Modell in einer neutralen Farbe. Keinesfalls darf ein Rock darunter hervorschauen. Probieren Sie den Mantel über einen Blazer an.

Die Businessfrau ist stets auf dem Präsentierteller.

R – Rock: Tragen Sie keinen zu kurzen Rock. Wählen Sie ihn auch nicht zu eng. Unterwäsche darf sich auf keinen Fall abzeichnen.

S – Schmuck: Für Damen sind Ohrringe so wichtig wie eine Krawatte für den Herrn. Nur baumeln sollten sie nicht. Armbänder sind nichts für die Schreibtischarbeit. Sie können echten oder Modeschmuck tragen, aber funkelnde Steine nur abends. Eine Armbanduhr ist ein Muß.

S – Schuhe (s. auch S. 12): Wählen Sie ein klassisches Modell mit mittelhohem Absatz und zu dunklen Röcken und Kleidern einen noch dunkleren Schuh. Zeigen Sie auch bei hochsommerlichen Temperaturen nicht Ihre Zehen. Fersenriemen sind akzeptabel.

S – Strumpfhosen – Strümpfe: Tragen Sie hochwertige Strümpfe. Sie sollten immer eine Ersatzstrumpfhose bei sich haben.

Ihr Auftritt als Gastgeber

Gehen Sie Ihren Gästen immer gutgelaunt und mit einem Lächeln entgegen. Seien Sie zu Ihren Gästen einfühlend, nicht jedoch aufdringlich oder zu vertraulich. Geben Sie sich hilfsbereit, aber nicht unterwürfig.

Sollte einmal eine Peinlichkeit vorkommen, sehen Sie darüber hinweg und geben keinen Kommentar. Sitzen Sie nicht breitbeinig oder zusammengesunken.

Bitte nicht so dasitzen.

Strecken Sie die Beine nicht bis zu den Füßen Ihres Gegenübers aus. Sie dürfen schon mal eine Hand in Ihre Hosen-, Jackett- oder Blazertasche stecken. Aber bitte nicht zu lange, denn manche Gäste legen das als Respektlosigkeit aus.

Während des Gesprächs schauen Sie Ihr Gegenüber an. Umherschweifende Blicke signalisieren ihrem Partner, daß er nicht Ihr ungeteiltes Interesse besitzt.

Toleranz heißt: die Fehler der anderen zu entschuldigen.
Takt heißt: die Fehler der anderen gar nicht erst zu bemerken.
Arthur Schnitzler

Bemühen Sie sich um positive Formulierungen, streichen Sie alles Negative. Bleiben Sie auch kritischen Menschen gegenüber höflich, überhören Sie unqualifizierte Bemerkungen und gehen Sie Streitpunkten aus dem Weg. Vermei-

den Sie unbedingt, in einer unbekannten Runde über Krankheit, Politik, Religion oder Geld zu sprechen.
Fragen Sie anwesende Fachleute – z. B. Ärzte und Anwälte – nicht um Rat.
Fremden Menschen sollten Sie keine zu privaten Fragen stellen.
Ebenso tabu wie die erhöhte Lautstärke sind in einer Runde Flüstern oder Privatgespräche, die die anderen Gäste nicht hören sollen.

Soll Ihr Gegenüber Sie so sehen?

Wenn Sie mit Ihren Firmengästen in organisierte oder spontane Gesprächsrunden kommen, machen Sie die Teilnehmer miteinander bekannt. Fügen Sie hinter die Namensnennung noch Hinweise auf Hobbies und Beruf an.
Hat Ihr Gesprächspartner einen Berufstitel, einen akademischen Grad oder ein Adelsprädikat, und Sie wissen nicht, wie Sie ihn anreden sollten? Ganz einfach: Fragen Sie ihn: „Wie möchten Sie angesprochen werden?“ Heute gebräuchlich sind Standestitel wie Graf, Berufstitel wie Minister und akademische Grade wie Professor.
Die Bezeichnung des akademischen Grades steht stets vor Vor- und Nachnamen. Das gilt auch bei Adelstiteln. Beispiel:

Dr. Anneliese Gräfin Urban. Wer einen akademischen Grad besitzt, sollte von Ihnen immer damit angesprochen werden, z. B. Herr Professor Mehlen, Frau Dr. Heinz. Erst wenn Ihnen angeboten wird, den Titel oder akademischen Grad wegzulassen, dürfen Sie ihn ignorieren.

Ausländische Gäste

Ausländische Gäste sollten Sie mit besonderer Aufmerksamkeit betreuen. Auf strenge Formalität und Protokoll sollte jedoch verzichtet werden, da ausländische Gäste in der Regel ihre eigenen Vorstellungen mitbringen. Achten Sie darauf, daß nicht gerade ein hoher Feiertag des jeweiligen Landes mit Ihrer Veranstaltung kollidiert. Nehmen Sie Rücksicht auf die Essensgewohnheiten. Wichtig ist die Auswahl von kompetenten Dolmetschern, die Sie für ihre Arbeit gut plazieren müssen, sowie die korrekte Übersetzung aller schriftlichen Unterlagen.

> Jedes überflüssige Wort wirkt seinem Zweck gerade entgegen.
> *Arthur Schopenhauer*

Die wichtigsten Kommunikationsregeln auf einen Blick:

- **Schauen Sie Ihr Gegenüber an!**
- **Sprechen Sie mit Ihren Gästen hochdeutsch, klar, deutlich.**
- **Formulieren Sie positiv!**
- **Vermeiden Sie Themen wie Krankheit, Politik, Religion, Geld.**
- **Machen Sie Ihre Gesprächspartner miteinander bekannt!**
- **Wählen Sie die richtige Anrede!**

2 Wie bewirten Sie Gäste?

Ihre Gäste sind bei Ihnen eingetroffen. Zuerst lassen Sie ihnen eine Erfrischung zukommen. Haben Sie eine Gästekartei angelegt? Wenn ja, können Sie auf besondere Wünsche eingehen. Einen Vorschlag, wie eine solche Liste aussehen kann, finden Sie auf S. 66.

Der Imbiß in den Firmenräumen

Im Prinzip gilt: Behandeln Sie Ihre Firmengäste ebenso wie Privatgäste.

Wenn Sie Erfrischungsgetränke anbieten, sollten diese ihrem Namen gerecht werden. Sorgen Sie dafür, daß Ihr Kühlschrank gefüllt ist. Die Flaschen sind gut temperiert, wenn sie anlaufen bzw. perlen. Deshalb dürfen Sie die Getränke nicht bereits am Vorabend auf die Besprechungstische stellen. Damit der Konferenztisch keine Wasserflecken bekommt, stellen Sie die Getränke auf kleine Untersetzer aus Stoff oder Vlies. Sehen Sie zwei Sorten Mineralwässer vor: mit und ohne (oder mit wenig) Kohlensäure. Stellen Sie passende Gläser zu den Flaschen, prüfen Sie die Sauberkeit. Fettspuren, Fingerabdrücke und Flecken von der Spülmaschine sind tabu.
Beschriften Sie die Getränke- bzw. Warmhalte-Kannen entsprechend ihrem Inhalt.
Ein guter Tip, der vor Verwechslungen schützt:
für jedes Getränk eine andere Gefäßform bereitstellen. Servieren Sie Kaffee nicht in Teetassen und Tee nicht in Kaffeetassen. Legen Sie sich zum Service passend beide Formen zu. Die Investition lohnt sich.

Kaffeeservice

Teeservice

Bereiten Sie Kaffee und Tee nicht zu lange vorher vor. Auch in guten Warmhaltekannen verlieren die Getränke an Geschmack und werden bitter. Ist die Runde nicht zu groß, werden Sie Ihren Gästen frischen Kaffee/Tee direkt servieren. Kaffee/Tee wird von rechts eingestellt. Beim Service wird die Tasse mit Untertasse in der rechten Hand gehalten, die Kanne in der linken, mit der auch eingegossen wird. Dadurch ist man zum Gast gekehrt. Oftmals wird die Unterbrechung als störend empfunden. Klären Sie vorher, wann der Kaffee/Tee gebracht werden soll oder ob Ihre Gäste sich selbst bedienen.

Der ranghöchste Gast in Ihrer Firma erhält zuerst das Getränk. Der Chef erhält das Getränk als letzter, weil er die Gastgeberfunktion übernimmt. Sind auch Mitarbeiter in der Runde, dann ist die Reihenfolge: Gast, Chef, Mitarbeiter. In einer betriebsinternen Besprechung kommt der Vorgesetzte zuerst. Eine Dame wird im Geschäftsleben nach ihrer beruflichen Funktion eingeordnet.
Wenn Sie eine Kaffeepause vorsehen, werden die Erfrischungen außerhalb des Besprechungszimmers eingenommen. Auf Konferenzen mit großer Teilnehmerzahl bietet sich diese Art der Bewirtung an. Die Gä-

ste können aufstehen, sich die Beine vertreten, Gespräche führen, rauchen. Während der Pause wird das Besprechungszimmer in Ordnung gebracht und gelüftet.

Stellen Sie für den kleinen Hunger zwischendurch einen Obstkorb auf den Besprechungstisch. Wählen Sie Obst, das aus der Hand gegessen werden kann, z. B. Bananen, Äpfel und Birnen. Halten Sie einen Stapel Servietten und Abfallteller bereit. Ein Obstkorb ist optisch ein Lichtblick, und Sie tun etwas für die Gesundheit Ihrer Gäste. Wenn Sie Kekse bereitstellen, dann bitte nur von bester Qualität!

Die vollständige Mahlzeit

Kantine, Restaurant oder Partyservice?

Prüfen Sie zuerst die internen Möglichkeiten. Wenn Sie über eine hauseigene Kantine verfügen, nutzen Sie sie. Kündigen Sie Ihre Gäste rechtzeitig vorher an. Der Koch wird sich etwas einfallen lassen! Reservieren Sie einen Tisch in der Kantine oder im Kasino zu einer Zeit, wo Sie ungestört bleiben.

Wenn Sie keine Kantine haben oder sie nicht geeignet ist, lassen Sie einen Partyservice oder ein Catering-Unternehmen kommen, das auch für das passende Geschirr sorgt. Testen Sie – falls Sie das Unternehmen noch nicht kennen – vorher die Leistungsfähigkeit. Lassen Sie sich Vorschläge unterbreiten. Für Bewirtungen in Unternehmen eignen sich

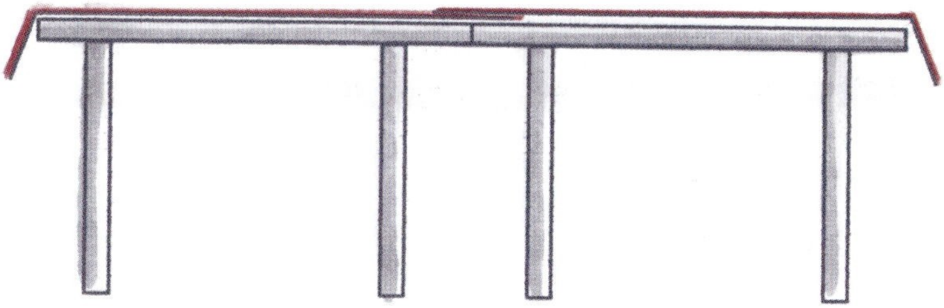

am besten Büfetts. Sie stehen dann nicht unter Zeitdruck – Ihre Idee können Sie zu Ende denken, Ihren Satz zu Ende sprechen. Dann erst gehen Sie gemeinsam zu Tisch.

Besonders locker: Essen im Freien.

Gibt es in Ihrem Betrieb die Möglichkeit, das Mittagessen im Freien einzunehmen? Wenn das Wetter mitspielt, lassen Sie das Büfett im Garten oder auf der Terrasse aufbauen. Ihre Gäste werden den Ortswechsel genießen. Bedenken Sie aber, daß Ihre Gäste Business-Kleidung tragen werden. Bei 30 Grad im Schatten ist eine Mahlzeit im Freien nicht mehr angenehm.

Wenn Sie sowohl mittags als auch abends bewirten, dürfen Sie die Speisenfolge und -art nicht wiederholen. Bitten Sie mittags zu einem Büfett, dann laden Sie abends mit Menüfolge ein. Gibt es bereits mittags ein Drei-Gänge-Menü, können Sie abends ein Büfett herrichten lassen.

Eindecken

Legen Sie zuerst ein Moltontuch direkt auf den Tisch. Dieses Tuch hält das Tischtuch an seinem Platz, und Sie können auch heiße Teller auf den Tisch stellen sowie geräuscharm hantieren. Danach legen Sie das Tischtuch auf. Die Enden

des Tischtuches sollten auf jeder Seite 25 - 30 cm herunterhängen, höchstens jedoch bis 1 cm über der Sitzfläche.
Beim Überdecken von mehreren Tüchern (bei einer großen Tafel) ist darauf zu achten, daß der Stoß der Tücher auf der vom Eingang abgekehrten Seite ist, damit der Gast nicht unter die Kante schauen kann.

Jeder Gast soll sich beim Essen wohlfühlen – er braucht Platz. Pro Person werden bei einem mehrgängigen Menü mit 60 – 80 cm in der Breite und 35 – 40 cm in Richtung Tischmitte gerechnet.

Der fachmännisch gedeckte Tisch wirkt professionell.

Wenn Sie die Tischmitte dekorieren wollen, stellen Sie die Dekoration vor dem Auflegen der Besteckteile hin. Dann werden die einzelnen Plätze durch Platzteller oder Servietten markiert.
Als erstes wird das sogenannte Grundbesteck eingedeckt, also das Besteck für das Hauptgericht. Messer rechts (Schneide immer nach innen), Gabel links.
Alle weiteren Besteckteile werden entgegen der Reihenfolge gedeckt, wie sie zum Essen aufgenommen werden, also von innen nach außen (beim Essen ist es ja umgekehrt). Suppen-/Gourmetlöffel gehören an die Messerseite, also nach rechts.

Links neben den Teller kommen nicht mehr als drei, rechts nicht mehr als vier Teile, über den Teller nicht mehr als drei. Gibt es ein Menü mit sechs oder mehr Gängen, werden nicht alle Besteckteile von Anfang an eingedeckt, sondern sie werden nachgelegt.
Wenn Sie wissen, daß Ihr Gast Linkshänder ist (s. Gästekartei, S. 66), decken Sie an seinem Platz alle Teile spiegelbildlich ein. Dieser Gast wird sich über soviel Aufmerksamkeit freuen! Allerdings sollten Sie bei dieser Aufmerksamkeit etwas mehr Platz für das Gedeck einplanen, damit es keine Zusammenstöße von Rechts- und Linkshändern gibt.
Gläser werden in der Reihenfolge aufgestellt, wie sie beim Trinken, beim Einschenken und beim Ausheben benutzt werden.
Etwa 1 cm über der Spitze des Menümessers wird das sogenannte Richtglas gestellt. Das ist das Glas für das Getränk, das zum Hauptgang serviert wird. Schräg rechts davon steht ein Glas für das Getränk

zur Vorspeise, das auch ein Wasserglas sein kann. Auch hier gilt: Mehr als vier Gläser sollten nicht eingedeckt werden.

Tischzubehör

Blumen und Kerzen gehören auf einen schön gedeckten Tisch. Kerzen sollten Sie jedoch nur

Erst durch Tischschmuck wird die Mahlzeit zum Fest.

dann aufstellen und auch anzünden, wenn Sie etwas zu feiern haben. Zu einem nüchternen Geschäftsessen, bei dem Sie Betriebszahlen diskutieren, paßt zumindest tagsüber kein Kerzenschein.
Ihre Tischdekoration darf Ihren Gästen die Sicht nicht nehmen, nicht über den Teller hängen oder das Glas berühren. Stark duftende oder Blütenstaub abgebende Blumen sind ungeeignet. Wenn Ihr Unternehmen über eine Hausfarbe verfügt, z. B. gelber Grund mit blauem Emblem, können Sie diese Farben in der Tischdekoration anbringen.

Wo ich sitze, ist oben.

Otto von Bismarck

Was noch vor dem Essen kommt

Tischordnung

Mit der Tischordnung bestimmen Sie, wo Ihre Gäste sitzen werden. Keine Probleme haben Sie an einem runden Tisch. Er ist ideal für Tischgespräche, weil selbst bei einem großen Durchmesser (die Personenzahl sollte trotzdem nicht über zwölf betragen) noch eine Unterhaltung „über den Tisch" möglich ist. Falls Sie mehrere Tische benutzen, sollten Sie jeweils einen „Mitgastgeber" bestimmen. Früher hat man Gastgeber und Ehrengäste an Tisch Nr. 1 plaziert, und je weiter ein Tisch von Nr. 1 entfernt war, desto rangniedriger waren die Gäste. Deshalb sollten Sie Ihre Tische nicht durchnumerieren und stattdessen auf Namen ausweichen, z. B. auf Städte, Blumen, Farben etc. Vielleicht können Sie eine Verbindung zu Ihrem Unternehmen herstellen. Banken werden ihre Tische nach Währungseinheiten taufen, Modeschöpfernamen eignen sich für die Bekleidungsbranche.
Für die Tischordnung müssen Sie für Ihre Gäste eine Rangliste aufstellen, falls erforderlich: analog zur protokollarischen Rangfol-

Je offizieller der Anlaß, desto formeller die Rangfolge.

Beispiel für ein Essen ohne Damen (die Numerierung entspricht der Rangfolge):

6	**1**	**GH**	**3**	**8**

GH = Gastgeber Herr

9	**5**	**H4**	**2**	**7**

H4 = Teilnehmer aus dem Betrieb

Beispiel für ein Essen mit Damen:

D5	3	D1	GH	D2	4	D6

D1 = Ehefrau des ranghöchsten Gastes (1)
GH = Gastgeber Herr

6	D4	2	GD	1	D3	5

GD = Gastgeber Dame

ge (s. S. 50). Außerdem möchten Sie als Gastgeber, daß sich Ihre Gäste wohlfühlen. Beantworten Sie zuerst die Fragen:

1. Wer sind unsere Ehrengäste?
2. Wer kann mit wem gut reden?

❧ Der ranghöchste Gast/Ehrengast sitzt rechts neben dem Gastgeber/der Gastgeberin. Je weiter der Gast vom Gastgeber entfernt sitzt, um so niedriger ist sein Rang.

❧ Ehefrauen/Lebensgefährtinnen müssen entsprechend dem Rang ihrer Partner plaziert werden, sofern sie nicht einen eigenen, höheren Rang haben. Dasselbe gilt natürlich auch umgekehrt für Ehemänner/Lebensgefährten von Mitarbeiterinnen. Ein weiblicher Ehrengast sitzt an der rechten Seite des Gastgebers.

❧ Erwarten Sie ausländische Gäste, plazieren Sie immer einen Deutschen neben einen Ausländer, vorausgesetzt, es gibt keine Verständigungsschwierigkeiten.

❧ Achten Sie darauf, daß Gäste mit gleichen Interessen nebeneinander sitzen.

❧ Niemals sollten zwei Damen nebeneinander sitzen. Laden Sie mehr Herren ein; Herren können nebeneinander gesetzt werden.

❧ Paare, die gemeinsam eingeladen wurden, sind getrennt zu setzen.

Placement

Placement ist die Bezeichnung für einen Wegweiser, mit dessen Hilfe man die vorgegebene Tischordnung auf einen Blick übersieht. Bei größeren Veranstaltungen (ab 40 Personen) ist ein Placement immer angebracht. Es wird am Saaleingang, im Foyer des Hotels oder im Eingangsbereich des Restaurants gut sichtbar ausgehängt. Zeichnen Sie die Eingangstüre mit auf den Plan.

Lassen Sie Ihre Gäste nicht umherirren!

Sie können das Placement erstellen, indem Sie Ihre Gäste alphabetisch aufführen (bitte mit Titel) und dahinter den Namen des Tisches bekanntgeben. Weisen Sie Ihre Gäste – falls sie unsicher erscheinen – auf ein solches Placement hin. Wenn dann immer noch nicht klar ist, welchen Tisch sie anzusteuern haben, lassen Sie durch eine Servicekraft (Hosteß) nach dem Namen fragen. Sie begleitet den Gast zu seinem Tisch. Zusätzlich sollten Sie Tischkarten anfertigen und aufstellen. Wenn ein Placement aushängt, stehen auf den Tischkarten nur der Vor- und Nachname der Gäste – ohne Titel. Hängt kein Placement aus, wird auf den Tischkarten auch der Titel genannt.

Bei der Sitzordnung bei Saalveranstaltungen sind folgende Dinge zu beachten:

❧ Für jeden angemeldeten Gast (planen Sie Reserven ein!) muß ein Sitzplatz zur Verfügung stehen.

❧ Vermeiden Sie Lücken im Bereich der Ehrengäste

Für die Sitzordnung bei Theater- oder Konzertbestuhlung gilt folgender

Beispiel 1 = nur Herren

10	**8**	**6**	**4**	**2**	**GH**	**1**	**3**	**5**	**7**	**9**

GH = Gastgeber Herr

Beispiel 2 = mit Damen

6	**D6**	**4**	**D4**	**2**	**D2**	**GH**	**GD**	**1**	**D1**	**3**	**D3**	**5**	**D5**

GH = Gastgeber Herr, GD = Gastgeber Dame

Handelt es sich um einen besonders hochrangigen Gast, wird das Paar in die Mitte genommen, und das sieht so aus:

D7	5	D5	3	D3	GH	1	D1	GD	2	D2	4	D4	6

Grundsatz: Die Mittelplätze jeder Reihe (zum Rednerpult die nächsten) sind die besseren Plätze, die Seitenplätze einer vorderen Reihe zählen höher als die Mittelplätze der nächsten Reihe. Der Ehrenplatz ist in der Mitte einer Stuhlreihe. Der Gastgeber führt den Ehrengast an seiner rechten Seite zum Platz. Die Ehefrau sitzt rechts neben ihrem Mann.
Ein Placement weist Ihre Gäste zu den Plätzen. Ihre Ehrengäste müssen Sie in der ersten Reihe plazieren, numerieren Sie aber die Plätze nicht. Falls ein Ehrengast kurzfristig absagen muß, können Sie ohne Numerierung etwas jonglieren. Lassen Sie die Plätze links und rechts außen frei, und sorgen Sie nach Möglichkeit dafür, daß die äußeren Stühle der ersten Reihe entfernt werden. So haben Sie ein geschlossenes Bild, und die Fotografen können beginnen.

Leere Plätze in der Mitte der ersten Reihe sollten Sie vermeiden.

Ihre Gästeliste

Fertigen Sie für Ihre Gäste eine alphabetische Teilnehmerliste an. Zuerst erwähnen Sie den Nachnamen, dann ggf. Titel, zuletzt den Vornamen. Gut ist es, wenn Sie zum Namen die Firma erwähnen. Die Gäste können dann die Personen besser zuordnen. Außerdem ist ein solches Verzeichnis immer ein Andenken an Ihre Veranstaltung.

Ihre Begrüßung gibt den Ton der Veranstaltung an.

Gern wird bereits bei Zusendung des Programms die gedruckte/geschriebene Gästeliste beigelegt. So können Ihre Gäste sich bereits im Vorfeld auf mögliche Gesprächspartner einstellen.

Die Begrüßung

Wenn Sie Ihre Feier einer Person widmen, dann ist diese Ihr wichtigster Gast und wird vor allen anderen begrüßt und bei Ihrer Ansprache auch zuerst genannt. Sie gehen dem Ehrengast ein Stück entgegen und begleiten ihn in den Veranstaltungs- bzw. Empfangsraum. Wenn Sie den Empfangsraum kurzzeitig verlassen, muß ein Mitgastgeber, z. B. ein Kollege, präsent sein, der Ihre Rolle während Ihrer Abwesenheit übernimmt.
Nachdem der Ehrengast eingetroffen ist, begrüßen Sie alle weiteren Gäste, indem Sie nötigenfalls eine Empfangsreihe anführen oder sich – falls Sie den Empfang allein durchführen – direkt am Eingang aufstellen.

Die Begrüßungsrede und die Tischrede

Grundsätzlich gehört an den Beginn einer jeden Veranstaltung eine verbale Begrüßung durch den

Gastgeber. Sie soll Eröffnung, Auftakt und Einleitung sein sowie Richtung und Stimmung für den weiteren Verlauf vorgeben.

Haben Sie bei Firmenjubiläen oder Festakten eine musikalische Untermalung vorgesehen, dann können Sie Ihre Begrüßung nach der ersten Darbietung bringen. So stellen Sie auch sicher, daß alle Gäste Platz genommen haben und die Rede nicht gestört wird.

Stimmen Sie sich mit den Musikanten ab.

Wenn zu Ehren eines anderen ein Fest veranstaltet wird, z. B. zu einem großen runden Geburtstag, dann übernimmt der Einladende die Begrüßung – keinesfalls der Jubilar. Begrüßungsworte beschränken sich auf wenige Sätze. Es werden die wichtigsten Gäste bzw. Gruppen namentlich begrüßt. Vergewissern Sie sich, ob auch alle, die Sie namentlich begrüßen möchten, wirklich anwesend sind! Muten Sie Ihren Gästen keine zu lange Begrüßungsliste zu. Bilden Sie lieber Gruppen. Beispiel: „Ich begrüße Frau Oberbürgermeisterin Löbbe, die Damen und Herren des Landtages, die Damen und Herren des Stadtrats, die Damen und Herren Vertreter der Industrie und des Handwerks und (bitte nie vergessen!) die Damen und Herren Vertreter der Medien."
Namentlich sollten Sie nicht mehr als fünf bis sieben Personen nennen. Generell sollten Sie nur Gäste hervorheben, bei denen es unbedingt notwendig ist. Damen unterliegen derselben rangmäßigen Einordnung wie Herren.

Seien Sie lieber geistreich und spritzig, aber vor allem kurz!
Voltaire

Bei offiziellen geschäftlichen Anlässen wird nach

Checkliste zur Vorbereitung von Begrüßungs- und Tischreden

❧ Wird es eine private, geschäftliche, offizielle Rede?

❧ Wer übernimmt die (längere) Hauptrede?

❧ Bei Begrüßungsworten: Wird ein Festredner angekündigt?

❧ Müssen Gäste (Ehrengäste) namentlich begrüßt werden, oder kann die Begrüßung pauschal oder in Gruppen erfolgen?

❧ Sind Namen, Titel, Firmen-/Vereins-/Behörden-/Ortsnamen richtig?

❧ Sind alle anwesend, die begrüßt werden sollen?

❧ Rang- bzw. Reihenfolge der Begrüßung festlegen!

❧ Wann soll gesprochen werden? Sofort oder nach einer (musikalischen) Einlage?

❧ Wo wird gesprochen? Festtafel, Rednerpult, Eingangshalle?

❧ Wer spricht noch? Rednerliste anfertigen!

❧ Zeitdauer jeder einzelnen Rede überprüfen und ggf. kürzen!

❧ Sind ausländische Gäste dabei? Dolmetscher für Simultanübersetzung engagieren oder Rede in mehreren Sprachen auslegen!

❧ Womit endet die Rede? (Bekanntgabe des weiteren Programms, Ankündigung eines Redners oder Festredners, Eröffnung einer Veranstaltung, Eröffnung des Büfetts, Glückwünsche, Trinkspruch)

❧ Dankesworte für Helfer der Veranstaltung nicht vergessen!

den Begrüßungsworten die Hauptrede folgen. Eine Hauptrede (Festrede, Laudatio oder Tischrede, falls es eine geben soll) ist ausführlicher und holt inhaltlich weiter aus als Begrüßungsworte. Falls es einen Festredner gibt, der diese Hauptrede zum Thema übernimmt, wird im Rahmen der Begrüßungsworte auf ihn übergeleitet.
Darauf ist Gelegenheit für weitere Grußworte durch die Inhaber öffentlicher Ämter, wie Bürgermeister, Landrat usw.
Bei Firmenjubiläen werden auch befreundete Partnerunternehmen Grußworte und Gratulationsreden halten. Diese Reden folgen auf die Reden der Bürgervertreter (Bürgermeister, Landrat etc.), nach der Devise: Gewählte vor Hauptamtlichen (s. S. 50).
Langweilen Sie Ihre Gäste nicht mit doppelten Redeinhalten und langen Reden. Der Gastgeber oder Veranstalter muß mit den Rednern Zeitpunkt und ungefähren Inhalt ihrer Reden absprechen. Bei prominenten Festrednern sollten Sie versuchen, wenigstens Stichworte des Manuskriptes zu sehen, damit der Referent nicht am Thema vorbei spricht oder sich wiederholt.
Tischreden können jedes Essen festlich machen, wenn sie kurz und gekonnt sind. Gibt es mehrere Reden, muß man nach der ersten Vorspeise beginnen, in Absprache mit Küche dem Service.
Achten Sie darauf, daß Ihre Gäste ein gefülltes Glas zur Hand haben, um sich am Ende der Tischrede zuprosten zu können.
Redner stehen immer auf, die Gäste bleiben sitzen. Sie hören auf, sich zu unterhalten und zu essen. Am Ende der Rede erhebt sich derjenige, dem sie gegolten hat, und bedankt sich mit ein paar Worten.

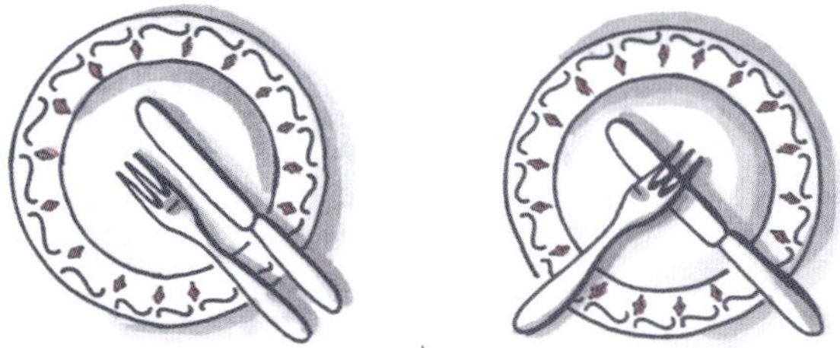

Wie serviert man was?

Beim Tellerservice werden die Speisen in der Küche/Kantine auf Tellern angerichtet. Es wird tischweise serviert.
Die angerichteten Teller werden dem Gast von rechts serviert. Das Servieren wird im Uhrzeigersinn fortgesetzt.
Nimmt ein Gast sich selber von einer Platte, wird diese von links gereicht.
Das Vorlegebesteck besteht aus einem Suppenlöffel und einer Gabel.
Das Abservieren, in der Fachsprache Ausheben, erfolgt wieder von rechts. Ausnahme: Brot-/Salat-/Ablageteller, denn diese werden links eingesetzt und demnach auch wieder links ausgehoben. Der Brotteller wird nach der Vorspeise ausgehoben, um ggf. dem Salatteller Platz zu machen.
Mit dem Abservieren wird erst begonnen, wenn der letzte Gast am Tisch seine Mahlzeit beendet hat.

Haben Sie sich entschlossen, ein Menü zu servieren, sollten Sie mit dem Personaleinsatz großzügig sein.

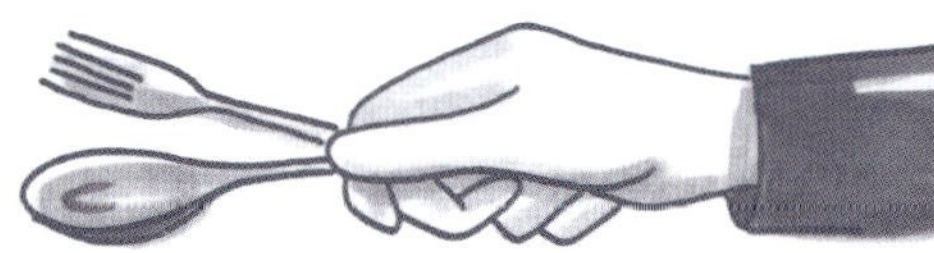

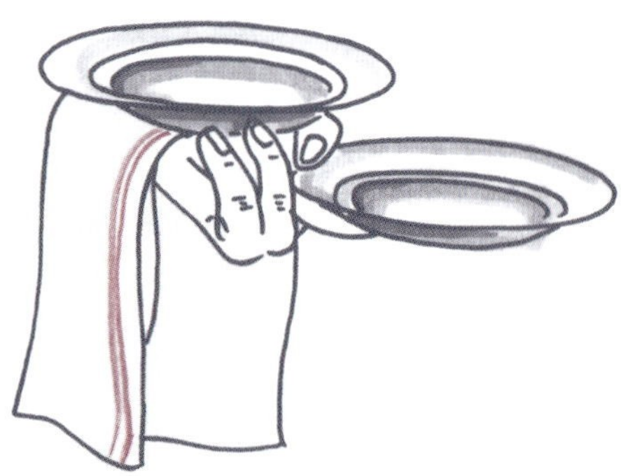

Checkliste

Grundregeln des Servierens

Serviervorgänge, die von rechts ausgeführt werden:

- das Einsetzen von auf Tellern angerichteten Speisen (Tellergerichte)
- das Einsetzen leerer Teller für den nächsten Gang
- das Abräumen von Gläsern, Besteck- und Geschirrteilen, die von rechts eingesetzt wurden
- das Einsetzen von Gläsern und Einschenken von Getränken
- das Präsentieren von Wein- oder Sektflaschen

Serviervorgänge, die von links ausgeführt werden:

- das Präsentieren von Platten
- das Vorlegen von Speisen
- das Reichen von Platten zur Selbstbedienung
- das Ausheben von Teilen, die von links eingesetzt wurden, z. B. Brotteller, Salatteller

Die häufigsten Fehler beim Servieren

Lärm

Die durch den Service bedingten Geräusche sind auf ein Mindestmaß zu begrenzen. Das gilt z. B. für das Sprechen des Personals mit dem Gast sowie für das Handhaben der Tischgeräte.

Hektik

Bei aller Eile, die während des Service oftmals geboten ist und sich meistens automatisch einstellt, muß nach außen hin Ruhe bewahrt werden. Pannen sind unvermeidlich, aber der Gast soll sie nicht bemerken – das ist oberstes Gebot.

So räumen Sie fachgerecht ab.

Belästigungen

Das Servicepersonal darf den Gast nicht belästigen, z. B. durch übertriebene Aufmerksamkeit, durch schlechte Arbeitshaltung oder Nichtbeachten sachgerechter Arbeitstechniken beim Bedienen.

Weinservice

Sie schneiden mit dem Messer die Stanniolkapsel einen halben Zentimeter unter dem Flaschenmund ab. Dann säubern Sie mit einer Papierserviette den Korken und öffnen leise die Flasche.
Der Gast sollte das Etikett zu sehen bekommen. Die Verwendung einer Handserviette beim Eingießen ist nur dann erforderlich, wenn der Wein im Kühler serviert wird und die Fla-

Checkliste

Richtlinien für den Weinservice:

- Dem Gastgeber die Flasche präsentieren
- Abschneiden der Stanniolkapsel, Säubern des sichtbaren Korkens
- Ruhiges Herausheben des Korkens, ohne zu reißen oder zu schütteln
- Nochmaliges Säubern des Flaschenmundes mit einer neuen Serviette
- Dem Gastgeber eine Kostprobe eingießen und seine Zustimmung abwarten
- Den Damen, dann den Herren einschenken. Bei vielen Gästen der Reihe nach.
- Das Etikett beim Einschenken zum Gast drehen
- Die Gläser je Größe zu zwei Dritteln oder drei Vierteln füllen
- Dafür sorgen, daß die Flasche das Glas nicht berührt

Bei Sekt-/Champagnerflaschen ist zu beachten:

- Drahtverschluß lösen und Stanniol entfernen
- Drahtkorb abheben und mit dem Daumen Korken festhalten
- Korken umfassen und vorsichtig ausdrehen; dabei die Flasche schräg halten
- Korken ohne Knall langsam kommen und Kohlendioxyd-Druck entweichen lassen
- Flaschenmund säubern
- Die Gläser vorsichtig und langsam eingießen

sche deshalb naß ist. Beim Eingießen drehen Sie die Flasche, um das Tropfen zu verhindern. Nur leer getrunkene Gläser werden erneut gefüllt. Wird die Weinsorte gewechselt, dann heben Sie das bisherige Weinglas erst aus, wenn das neue Glas eingeschenkt ist. Der Gast sollte nie ohne Getränk sein.

Wein darf beim Eingießen nicht blubbern!

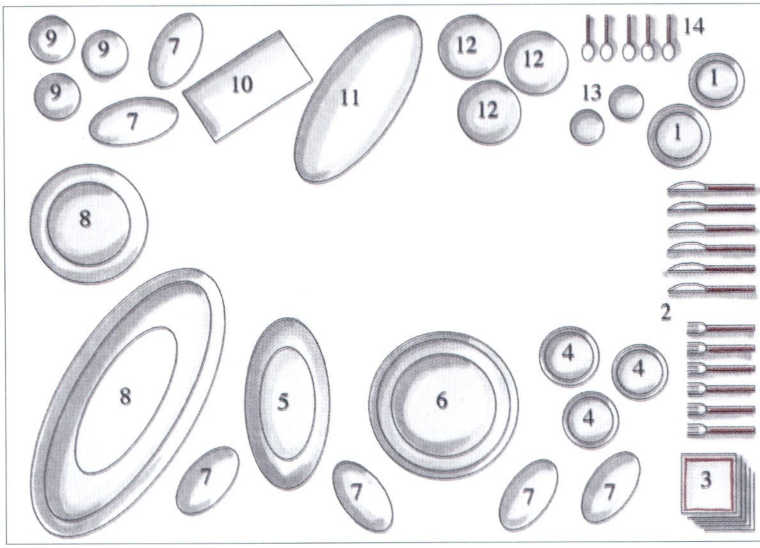

Dieser Aufbau weist Ihren Gästen den Weg.

Serviceregeln für das Büfett

Die ungeliebten Warteschlangen am Büfett vermeiden Sie, wenn Sie das Büfett alternativ spiegelbildlich aufbauen, damit Ihre Gäste von zwei Seiten an das Büfett treten können.
Geben Sie Ihrem Büfett einen logischen Aufbau, d. h. in Laufrichtung Teller und Besteck, Servietten, Vorspeisen, Hauptgerichte und zum Schluß die Desserts. Besteck und Teller können auch an mehreren Stellen plaziert werden.
Lassen Sie Ihr Büfett nie einen „abgeräumten Eindruck" machen! Es muß immer schnell nachgelegt werden.
Geschirr und Besteck müssen in ausreichendem Maße vorhanden sein. Für jeden Gang sind ein saube-

Büfetts sind besonders geeignet, wenn Sie viele Gäste erwarten.

rer Teller und ein frisches Besteck erforderlich. Auch hier tut Personal not! Denn bei Büfetts zeigt sich die Qualität des Service beim Abservieren. Kehrt der Gast mit dem nächsten Gang vom Büfett zurück, muß sein Platz bereits wieder frei sein.

Serviceregeln für den Empfang

Wenn Sie einen Stehempfang ausrichten, sollte das Personal ständig Canapés (pro Person werden fünf bis acht Stück gerechnet) und Getränke anbieten. Die Getränke werden auf einem Tablett gereicht. Es müssen immer ausreichend Servietten verfügbar sein. Das Servicepersonal soll auf die Gäste zugehen, ständig unaufdringlich präsentieren und anbieten. Leere Gläser werden sofort weggeräumt, Aschenbecher geleert und gesäubert.

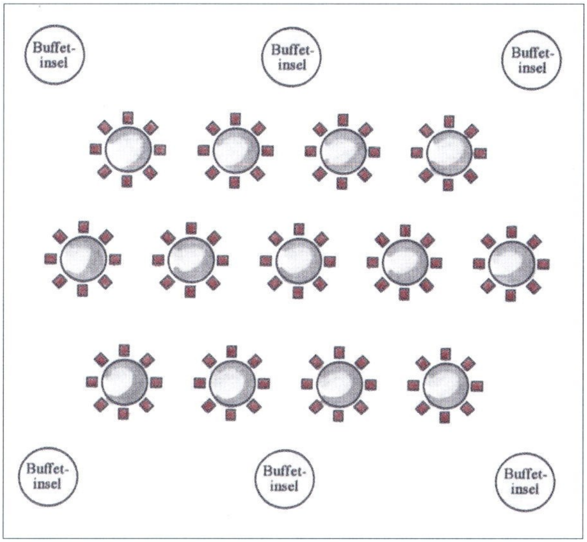

Eine Büfettlösung für mehr als 100 Gäste.

Als Gastgeber im Restaurant

Wenn Sie nicht in Ihre Wohnung einladen wollen, können Sie alle privaten und auch geschäftlichen Essen ins Restaurant verlegen.

Inspizieren Sie das Restaurant, wenn Sie es noch nicht kennen sollten. Essen Sie Probe. Beobachten Sie den Service auf Können, Beratung, Freundlichkeit. Reservieren Sie mündlich, telefonisch oder schriftlich, und lassen Sie sich die Reservierung bestätigen. Geben Sie bei Ihrer Reservierung genau an, um welche Gesellschaft es sich handelt.

> **Formeller als zu Hause, persönlicher als in der Firma: Die Einladung ins Restaurant.**

Denken Sie beispielsweise an folgende Varianten:

- Wollen Sie während des Essens wichtige, geschäftliche Angelegenheiten besprechen und brauchen Sie dazu einen ruhigen, etwas größeren Tisch, damit nicht jedermann mithören kann und Sie evtl. Unterlagen ausbreiten können?
- Wollen Sie Ihren Gästen die schöne Landschaft nicht vorenthalten und sie so plazieren, daß sie die schönste Aussicht haben?
- Wollen Sie Ihren Gästen die Spitzenküche nahebringen und ihnen ein abgestimmtes Menü servieren lassen?
- Hat einer Ihrer Gäste besondere Essenswünsche?
- Wollen Sie eine Tischrede halten? Legen Sie den richtigen Zeitpunkt mit der Restaurantleitung fest.

All diese Punkte sollten Sie mit der Restaurantleitung besprechen, die Ihnen Vorschläge unterbreiten und sich auf Sie, Ihre Gäste und Ihre Wünsche einstellen wird.

Eines sollten Sie im Vorfeld auch noch bedenken:
Wählen Sie die Kategorie des Restaurants so aus, daß Ihr Gast bei einer anschließenden Gegeneinladung seine finanziellen Verhältnisse nicht überfordern muß.
Die Wahl Ihrer Kleidung sollte zu Ihnen, zum Anlaß und zur Umgebung passen.

Ihr Verhalten beim Betreten und Verlassen des Restaurants und im Lokal

Falls Sie sich mit Ihren Gästen im Restaurant treffen, sollten Sie 15 Minuten vor der Verabredung dort sein. Sie können sich vergewissern, ob der Tischschmuck, die Menükarten, die Tischkarten aufgestellt sind, ob die bestellten Weine bereitstehen, ggf. schon geöffnet und richtig temperiert sind.
Sehen Sie Ihre Gäste kommen, gehen Sie ihnen entgegen, begrüßen und geleiten sie an den Tisch.

Kommen Sie gemeinsam an, beachten Sie folgende Verhaltensregeln:
Der Herr hält der Dame die Restauranttür auf. Innen bleibt sie einen Moment stehen und überläßt dem Herrn die Führung. Das hat in Deutschland Tradition. Der Herr betritt das Lokal nur mit geschlossenem Jackett und nimmt die Hand aus der Hosentasche.
Steuern Sie nicht gleich auf einen leeren Tisch zu, sondern fragen Sie beim Servicepersonal nach einem freien oder nach dem reservierten Tisch („wait to be seated“).

Wichtig: Ihre Zusammenarbeit mit der Restaurantleitung.

Begleitet ein Mitarbeiter des Service die Gäste zum Tisch, geht die Dame dem Herrn voraus. Beim Verlassen des Lokals ist es umgekehrt.
Der Herr ist seiner Begleitung beim Ablegen behilflich. Den Mantel der Dame gibt er an das Servicepersonal weiter oder hängt ihn an die Garderobe, dann erst zieht er seinen Mantel aus. Beim Verlassen hilft der Herr seiner Begleitung wieder in den Mantel, nachdem er sich seinen Mantel angezogen und somit beide Hände frei hat.

Wichtige Tips:

Einen Kellner können Sie nach wie vor mit „Herr Ober" rufen. Höflicher und sympathischer ist es, einen Kellner oder eine Kellnerin mit dem Namen an den Tisch zu bitten.

Die Bestellung wie auch Bezahlung erfolgt durch den Gastgeber, unabhängig ob Dame oder Herr.

Ihre Bestellung wird entgegengenommen, sobald die Speisekarten zugeklappt auf dem Tisch liegen.

Ihre Serviette legen Sie auseinandergefaltet auf den Tisch, sobald Sie Platz genommen haben. Wenn das Essen serviert wird, gehört sie auf den Schoß.

Wenn Sie Ihre Gäste à la carte wählen lassen, geben Sie ihnen einen Tip, in welchem Umfang und Preisklasse sich die Bestellung bewegen soll, z. B. „Mir würde Menü II gefallen."

Der Gastgeber erhebt als erster sein Glas und grüßt somit seine Gäste. Langstielige Gläser werden grundsätzlich am Stiel angefaßt!

Handtaschen gehören auf eine Ablage. Gibt es keine, hängt die Dame ihre Tasche über die Rücken- oder Armlehne des Stuhls. Auf den Tisch gehört sie nicht, auch nicht ein Handy. Wenn Sie erreichbar sein müssen, telefonieren Sie nicht vor den anderen Gästen, sondern gehen Sie aus dem Raum.

Wenn Sie zum Händewaschen, sprich: zur Toilette, gehen, tun Sie das gleich nach einem Menügang und warten Sie nicht, bis der nächste serviert wird. Nur dort können Sie Ihr Make-up erneuern, die Lippen nachziehen und den Zahnstocher einsetzen.

Besonders heikel: Wie soll man zahlen?

Die Bezahlung erfolgt durch den Gastgeber. Zahlen Sie unauffällig, möglichst nicht vor Ihren Gästen.

Der Gastgeber übernimmt auch das Trinkgeld. Waren Sie rundum zufrieden, ist ein Betrag von 7 – 10 % der Rechnungssumme angemessen.

3 Finden Sie den richtigen Rahmen für Ihre Feier!

Wenn Sie Ihre Gäste erfolgreich betreuen wollen, ist Ihre wichtigste Aufgabe die Vorbereitung von Besprechungen und Veranstaltungen. Am besten eignen sich hier Checklisten.

Entscheidend: die Vorbereitung

Überlassen Sie nichts dem Zufall!

Ihr Ziel muß sein, Ihren Gästen den Aufenthalt so angenehm wie möglich zu machen. Versuchen Sie deshalb, bereits im Vorfeld möglichst viel über die Interessen Ihrer Besucher zu erfahren. Es macht wenig Sinn, Ihren Gast mit einem Referat zu konfrontieren, dessen Thematik für ihn irrelevant ist, oder eine Wagner-Oper einzuplanen, wenn Ihr Gast keine lang dauernden Aufführungen mag.

Planen Sie in Ihrem Programm auch „Verschnaufpausen“ ein, damit Ihre Gäste Zeit haben, sich untereinander ein wenig auszutauschen. Sie haben dann auch die Möglichkeit, am Programm – wenn nötig – Veränderungen oder Erweiterungen vorzunehmen, und Sie auch den vorgesehenen Zeitrahmen leichter einhalten.

Versuchen Sie grundsätzlich, Termine mit Ihren Gästen abzustimmen. Unterbreiten Sie Ihre Vorschläge nicht zu kurzfristig, denn Ihre Gäste fühlen sich möglicherweise unter Druck gesetzt. Schlagen Sie einen Termin vor, der nicht in der Hauptferienzeit liegt oder auf einen Feiertag eines anderen Bundeslandes fällt. Wählen Sie keinen ungünstigen Wochentag, z. B. Montag

Checkliste

Checkliste für Terminplanung

- Terminfestlegung so früh wie möglich

Zu beachten:

- Schulferien
- Feiertage (auch in anderen Bundesländern bzw. Ländern)
- Terminüberschneidungen mit anderen Veranstaltungen
- verkehrsreiche Tage (Ferienbeginn/-ende)
- betriebliche Stillstandszeiten oder dringende Saisonarbeiten

und Freitag. An diesen Tagen sind die Autobahnen, Züge und Flugzeuge noch voller als sonst. Wenn Sie Ihren Betrieb zeigen wollen, stellen Sie sicher, daß die Maschinen nicht durch Wartungsarbeiten o. ä. stillstehen. Prüfen Sie im Vorfeld auch, ob in Ihrer Stadt gerade zu Ihrem Termin Großveranstaltungen parallel laufen. Was nützt eine gut vorbereitete Tagung in München, wenn zur Oktoberfestzeit kein Hotelzimmer mehr zu bekommen ist?

Zur Erleichterung fertigen Sie eine Checkliste an. Falls Sie Ihre Veranstaltung aufwerten und Ihren Firmengästen ein Zeichen großer Wertschätzung geben wollen, versuchen Sie, einen Ehrengast, Festredner oder berühmten Referenten zu engagieren. Fangen Sie mit der Terminabsprache auch bei ihm an. Suchen Sie einen Bundesminister, einen Ministerpräsidenten, einen Bundes- oder Landtagsabgeordneten? Die Termine

Der Termin ist das wichtigste Kriterium.

solcher Persönlichkeiten sind oft über einen Zeitraum von einem Jahr belegt! Deshalb ist die Nennung eines Alternativtermins wichtig. Begründen Sie Ihre Einladungsanfrage. Geben Sie zu erkennen, warum Sie gerade diesen Festredner/Ehrengast bei Ihrer Veranstaltung dabei haben möchten. Versorgen Sie ihn mit konzentrierten Informationen über Ihr Unternehmen. Hochrangige, vielbeschäftigte Personen lesen höchstens ein paar DIN-A 4-Seiten.
Außerdem: Sie sollten einem hochgestellten Referenten die Möglichkeit bieten, die Veranstaltung frühzeitig zu verlassen, etwa nach seinem Vortrag.

Auswahl der Räumlichkeiten

Wenn Sie Wert darauf legen, daß Ihr Betrieb besichtigt wird, ist der Empfang Ihrer Gäste in den Räumen des Unternehmens die beste Möglichkeit dazu. Wenn das nicht geht, sollten Sie auf ein Tagungshotel in Ihrer Nähe ausweichen und einen Transfer „Hotel - Betrieb" einplanen.
Wollen Sie ungestört bei Ihren Gästen sein, dann wählen Sie einen externen Tagungsort, z.B.:

- einen Tagungsraum in der Nähe der Firma für eintägige Veranstaltungen ohne Übernachtung und weiteres Programm
- ein Tagungshotel für mehrtägige Veranstaltungen
- eine Stadthalle für eintägige Veranstaltungen mit großem Teilnehmerkreis

Ihr Betrieb? Ein Hotel? Andere Möglichkeiten?

Checkliste für die Raumauswahl

- Verkehrsanbindung prüfen
- Raumgröße der Teilnehmerzahl entsprechend festlegen
- Bestuhlung anordnen, evtl. Theaterbestuhlung bei Festreden
- Tischanordnung wählen (Rechteck/Hufeisen/T-Form/großes Carré)
- Tischordnung/Placement festlegen (überlegen Sie, ob die Leute zusammenpassen)
- Akustik prüfen
- Störungen von außen durch Baustelle, laute Straße, Küchengeruch checken und reduzieren
- Lichtverhältnisse optimieren (am besten ist natürliches Tageslicht!)
- Verdunklungsmöglichkeit für eine Vorführung oder als Sonnenschutz prüfen
- Belüftung/Klimatisierung regeln
- Lautsprecher/Mikrofon/Verstärker/Technische Hilfsmittel wie Leinwand/Overhead mit Ersatzbirnen/Video/Flipchart mehrmals testen
- genügend Steckdosen bereithalten
- sonstige Ausstattung mitbringen, wie z. B.:
  Wanduhr, gut lesbar und ohne akustische Signale,
  Tischschmuck, Büromaterial/Schreibutensilien,
  Aschenbecher, falls geraucht werden darf
- für eine befriedigende Bewirtung sorgen (Kaffee-/Teepausen, Imbiß/Mittagessen, evtl. Partyservice)?
- evtl. ein geeignetes Abendprogramm anbieten
- prüfen, ob alle Gäste im nahen Umkreis übernachten können
- evtl. für Begleitpersonen die Möglichkeiten der Freizeitgestaltung (s. Rahmen-/Beiprogramm, S. 123-127) ausloten
- etwas Süßes auf den Platz legen; eine Aufmerksamkeit, die die Gäste nach längerer Anreise schätzen!

Hotelwahl mit Fingerspitzengefühl.

Checkliste für Hotelbesichtigungen

- Name und Adresse des Hotels/Telefon/Faxnummer
- Ansprechpartner – Telefon-Durchwahl
- Standort: Entfernung in Kilometern vom Flughafen/Bahnhof/ Autobahnausfahrt. Fahrt: jeweils Dauer in Minuten
- Gibt es einen Zubringerdienst/Parkmöglichkeiten?
- Räumlichkeiten für Konferenzen/Nebenräume, ggf. Sekretariat
- Zimmer: Doppelzimmer/Einbettzimmer/Nichtraucherzimmer/Behindertenzimmer
- Check-in- und Check-out-Zeiten
- Freundlichkeit und Kompetenz des Personals
- Speisen und Getränke: Gibt es einen Zimmerservice, kann während einer Pause Kaffee/Tee serviert werden, gibt es ein Hotelrestaurant?
- Freizeiteinrichtungen: Schwimmbad/Sauna/Fitneß/Tennis
- Sehenswürdigkeiten in der Umgebung
- Kostenvermerke

- ein Kongreßzentrum für mehrtägige Veranstaltungen, falls die Stadthalle belegt oder zu klein ist
- einen Konferenzraum in einem Flughafen, wenn es schnell gehen muß und die Teilnehmer per Flugzeug anreisen oder einen Zwischenstop einlegen.

Falls Sie sich entschließen, Ihre Veranstaltung in den Betrieb zu legen, prüfen Sie zuerst die folgenden Punkte:

Welche Hotelkategorie sollten Sie wählen?
Für „gehobene" Gäste werden Sie kein Drei-Sterne-Hotel wählen, sondern eines der Luxusklasse. Empfangen Sie Ihre Kleinaktionäre, sollten Sie mit Fingerspitzengefühl arbeiten, denn die Wahl einer Luxusherberge könnte Ihnen als „Verschwendung" vorgeworfen werden.
Falls das Tagungshotel unbekannt und nicht zu weit von Ihrem Ort entfernt liegt, sollten Sie es inspizieren, am besten mit Hilfe der nebenstehenden Checkliste.

Niveau der Veranstaltung

Ihre Veranstaltung soll dem Anlaß angemessen sein! Soll es eine Feier werden aus geschäftlichen oder repräsentativen Gründen? Oder ein ungezwungenes Fest mit vielen Gästen, evtl. zur Pflege der Kontakte zu ortsansässigen Firmen? Oder soll es eine Feier aufgrund besonderer Ereignisse geben?
Haben Sie sich entschlossen, eine Veranstaltung auf hohem Niveau abzuhalten, werden Sie an einen externen Festredner bzw. Referenten denken (s. S. 45). Durch ihn gewinnen Sie viele Gäste, die sonst vielleicht abgesagt hätten.
Möchten Sie Ihre Veranstaltung mit einer Festschrift unvergeßlich machen? Das Ereignis wird festgehalten, das Dokument kann imagefördernd eingesetzt werden. Anlässe für eine Festschrift oder Chronik sind z. B. Jubiläen und Einweihung von Firmengebäuden, Eröffnung von Zweigwerken.

Welche Veranstaltung zu welchem Anlaß?

Protokoll und Rangfolge

Wenn Sie eine Veranstaltung auf hohem Niveau abhalten wollen, z. B. ein offizielles Essen oder einen Festakt (s. S. 92), denken Sie an das offizielle Protokoll!

Bei jeder Art Veranstaltungen mit offiziellem Charakter ist die Einhaltung der protokollarischen Rangfolge angezeigt. Sie bestimmt sowohl die Reihenfolge, in der die Gäste begrüßt werden, als auch die Tischordnung und die Abfolge der Tischreden. Als Gastgeber stehen Sie vor der schwierigen Aufgabe, Ihre Gäste richtig einzuordnen. Gott sei Dank haben an der Lösung dieser Probleme bereits viele Menschen lange und hart gearbeitet; die Experten sitzen natürlich in den Protokollabteilungen im Bundestag oder in den Landesregierungen.

Ohne Protokoll läuft nichts!

Als Faustregel gilt: „Gewählte“ kommen vor „Hauptamtlichen“.

Eine Rangliste könnte so aussehen:

	Extern	Intern
1	Minister	Aufsichtsratsvorsitzender
2	Landtagsabgeordneter	Vorstandsvorsitzender
3	Landrat	Vorstand 1
4	Bürgermeister	Vorstand 2
5	Pfarrer *)	Vorstand 3

*) Ist die Gemeinde überwiegend katholisch, wird der katholische Pfarrer zuerst genannt, dann erst der evangelische)

Die Einladung

Der Erfolg einer Einladung hängt von der äußeren Form des Einladungsschreibens ab. Sie haben einen Grund, wenn Sie eine Einladung aussprechen, Sie wollen vielleicht eine Geschäftsbeziehung anbahnen oder einfach nur pflegen oder etwas feiern. Geben Sie Ihrem Unternehmen ein positives Image und machen Sie das geplante Niveau der Veranstaltung deutlich. Heutzutage bieten PCs eine Fülle von Gestaltungsmöglichkeiten. Grenzen sind lediglich bei Format und Papier gesetzt. Wenn Sie etwas ganz Besonderes möchten, gehen Sie in die altbewährte Druckerei.

Wichtig ist, daß Sie die Einladung so früh wie möglich versenden. Wenn Sie noch nicht alles durchgeplant haben, versenden Sie an sehr beschäftigte Gäste eine Vorankündigung und teilen schon Termin und Veranstaltungsort mit.

Schreiben Sie danach die eigentliche Einladung, die spätestens drei bis vier Wochen vor dem Ereignis versandt werden muß. Sie enthält alles, was für den Teilnehmer von Wichtigkeit sein könnte. Eine Checkliste auf S. 56 hilft Ihnen dabei.

Mit der Gestaltung der Einladung sollten Sie sich Mühe geben.

Machen Sie es Ihren Gästen leicht, indem sie auf der Karte nur ankreuzen oder nur Stichworte angeben müssen.

Bitten Sie in Ihrer Einladung um Rückantwort; geben Sie hierfür einen Termin (u. A. w. g. bis zum ...) an. So bekommen Sie einen Überblick über die ungefähre Teilnehmerzahl (rechnen Sie immer mit dem Erscheinen von Personen, die sich trotz der Bitte um Rückantwort nicht gemeldet haben) und

Formulieren Sie Ihre Einladung neutral:

Herrn Dr. Richard Pulver und Frau Dr. Angelika Pulver

Herrn Professor Heinz Mehlen und Frau Anne Mehlen

Herrn Erich Michl und Frau Dr. Gertrud Pluhar-Michl

Herrn Manfred Thurnhuber und Frau Christl Jung

Eine Antwortkarte könnte so aussehen:

An der Tagung am 01. 12. 1998, 11.00 Uhr, im Hotel Ankerbrand
(nehme ich teil und bringe noch ____ Person(en) mit, und zwar

____

________________________________ (Titel/Vor- und Nachname)

❑ nehme ich nicht teil

❑ Ich bitte um Hotelreservierung

❑ Einzelzimmer ____ Anzahl

❑ Doppelzimmer ____ Anzahl

können Teilnehmerliste, Namensschilder und die Tischordnung erstellen sowie Zimmerreservierungen vornehmen (s. S. 26-28, S. 30, 48 und 79).
Geben Sie auf dem Einladungsschreiben immer die Form bekannt, wie geantwortet werden soll.
Vermeiden Sie in der Antwortkarte (siehe oben) Mißverständlichkeiten, z. B. „Ich komme mit xx Personen." Hat sich der Gast selbst mitgezählt oder nicht? Sie können bei einer weniger offiziellen Einla-

Eine Fax-Antwort könnte so aussehen:

Absender: Werbeagentur Ehrengruber, Geschäftsleitung, Kuhnstadt

Bitte bis 01.11.1998 zurücksenden per Fax Nr. 01234/43210

An der Zehn-Jahres-Feier im Hotel Ankerbrand
am 01.12.1998 ab 11.00 Uhr

❑ nehme ich teil und bringe noch ____ Person(en) mit, und zwar

____

________________________________ (Titel/Vor- und Nachname)

am Vortrag von 11.00 - 13.00 Uhr ____ Person(en)

am gemeinsamen Mittagessen von 13.00 - 14.30 Uhr ___ Pers

am Betriebsrundgang von 15.00 - 16.30 Uhr ___ Pers

am Rahmenprogramm von 11.00 - 16.30 Uhr ___ Pers

voraussichtliche Anreiseart ❑ Pkw ❑ Flugzeug ❑ Bahn

❑ nehme ich nicht teil

dung die Rückantwort auch per Fax erbitten (siehe obenstehendes Formular). Laden Sie namentlich richtig ein! Es macht keinen guten Eindruck, wenn Sie sich bei Begleitpersonen (mit oder ohne Trauschein) auf „Partnerin", „Ehefrau" u. ä. festlegen, denn die Begleitperson kann auch männlich sein. Formulieren Sie deshalb neutral (siehe oben). Sprechen Sie nicht von „Gatte" oder „Gattin", diese Formulierung ist

Wichtig:
Ihre Gäste müssen unmißverständlich antworten.

altmodisch. Falls Sie den Namen der Begleitperson nicht kennen, unterziehen Sie sich der Mühe, ihn ausfindig zu machen. Ein Anruf mit der Bitte um Nennung des Vor- und Nachnamens wegen der korrekten Erstellung einer Gästeliste/Teilnehmerliste (s. S. 30) wird nie auf Naserümpfen stoßen.
Wenn Sie trotz aller Bemühungen den Namen der Begleitperson nicht herausbekommen haben, können Sie schreiben: Herrn Manfred Thurnhuber und Begleitung; Frau Christl Jung und Begleitung. Stets nennen Sie den Namen des Eingeladenen zuerst.

Nichts ist für die Gäste peinlicher, als unpassend angezogen zu erscheinen.

Ist bei einer Einladung Pünktlichkeit angesagt, machen Sie es sowohl im Einladungsschreiben als auch auf der Antwortkarte deutlich erkennbar. Setzen Sie hinter die Uhrzeit die lateinischen Kürzel, wie s. t. (sine tempore) = „auf die Minute genau" bzw. c. t. (cum tempore), das bedeutet, „eine Verspätung im Rahmen des akademischen Viertels = bis zu 15 Minuten ist erlaubt". Sie können auch schreiben: „Beginn der Veranstaltung: pünktlich um 11.00 Uhr" oder „Beginn 11.00 Uhr - wir bitten um pünktliches Erscheinen". Der Beginn von Festakten, Trauerfeiern, Veranstaltungen mit Festreden erfolgt pünktlich, d. h. „s. t.".
Ihren Gästen erleichtern Sie die Zu- oder Absage, indem Sie einen Bekleidungsvermerk angeben. So kann gegebenenfalls jeder, der keinen Cut oder Stresemann besitzt, absagen oder sich ein solches Kleidungsstück noch zulegen. Geben Sie z. B. klar an: dunkler Anzug = gedeckter Businessanzug in den Farben grau oder blau, s. S. 11.

Wenn Sie Ihre Einladung versenden, sollten Sie Ihre Besucher immer mit einer Fahrtbeschreibung versorgen und auf Parkmöglichkeiten hinweisen. Oft ist es erforderlich, eine gewisse Anzahl von Parkplätzen in Parkhäusern oder Tiefgaragen zu reservieren. Die Versendung von Parkausweisen kann dann erforderlich werden. Fügen Sie eine Anfahrtsskizze bei, die Sie aus einem Stadtplan kopieren. Die Straßennamen müssen lesbar sein. Markieren Sie den Weg von einer Einfahrtsstraße (Flughafen/Bahnhof) mit einem Leuchtstift und zeichnen Sie den Tagungsort (wie Firma/Hotel) deutlich ein. Überlegen Sie, ob Sie nicht sogar ein Programmheft für die Fahrer mit Zeitplan und Wegbeschreibung ausarbeiten sollen. Denn leider werden sehr oft die Chauffeure vergessen (s. S. 126).

Teil der Einladung: die Straßenskizze.

Ein solches Fahrerprogramm legen Sie Ihrer Einladung bei, Ihr Gast gibt es an seinen Mitarbeiter weiter.

Zu einer perfekten Organisation gehört auch, daß Sie die Abholung am Flughafen oder Bahnhof sowie die Reservierung des Hotels übernehmen. Bieten Sie diesen Service bereits in Ihrer Einladung an. Können Sie nicht auf einen eigenen Fuhrpark zurückgreifen, engagieren Sie ein Taxi- oder Transportunternehmen. Gegebenenfalls ist der Einsatz eines Kleinbusses erforderlich. Inspizieren Sie das vorgesehene Fahrzeug und den Fahrer. Er muß einen gepflegten und seriösen Eindruck machen.

Hat Ihr Gast zugesagt, bedanken Sie sich schriftlich dafür und senden ihm alle weiteren Unterlagen wie Wegweiser/Hotelprospekt / Parkmöglichkeiten zu.

Checkliste für Einladungen

- Gestaltung wählen: PC, Druckerei oder repräsentativer Briefbogen ohne Angabe von Bankverbindung
- Name des Gastgebers mit genauer Adresse incl. Telefon- und Faxnummer
- Name und ggf. Titel des Gastes
- Veranstaltungsart und -anlaß
- Datum und Beginn der Veranstaltung, evtl. Dauer. Wochentag mit Datum abgleichen!
- Ort der Veranstaltung, ggf. Tagungsadresse (Firma/Hotel/Kongreßzentrum) oder Check-in-Counter
- Namen des oder der Referenten/Festredners
- Bekleidungshinweis
- Bitte um Rückantwort (u. A. w. g.) mit Antwortfrist und frankiertem Umschlag
- Fahrt-/Lagebeschreibung: Stadtplanauszüge mit Textmarker kennzeichnen, Wege von Flughafen/Bahnhof/Autobahnausfahrt in Kilometern und Fahrtdauer eintragen und den Tagungsort deutlich markieren!
- evtl. Parkdeck/Parkhaus reservieren und Parkausweis/Eintrittskarte versenden
- ggf. ein Begleit-/Fahrerprogramm (s. S. 123-127) anbieten
- ggf. Hotel reservieren (intern klären, wer die Kosten trägt) und Hotelprospekt/Veranstaltungskalender mitsenden
- Falls ein sehr abgelegener oder unbekannter Tagungsort gewählt wird, nächstgelegenen Flughafen/Bahnhof nennen
- Dienstleistungsunternehmen für Abholung der Gäste organisieren, ggf. auf Hoteltransfer zurückgreifen
- Rücktransport anbieten

Ein Hotelprospekt ist deshalb wichtig, weil Ihr Gast sofort sieht, ob z. B. sein Bad mit einem Fön ausgestattet ist oder das Hotel über ein Schwimmbad verfügt.

Überprüfen Sie Ihre schriftliche Einladung sorgfältig, bevor sie verschickt wird:

- Sind Wochentag und Datum richtig angegeben, auch auf der Antwortkarte?
- Sind die Adreßmerkmale des Veranstaltungsortes korrekt?
- Sind Titel, Name, Adresse des Empfängers richtig?
- Ist das Porto ausreichend? Alles nochmals zusammen mit dem Kuvert wiegen!

Die Ankunft Ihrer Gäste

Vermitteln Sie Ihren Gästen das Gefühl, daß Sie sich über ihre Anwesenheit freuen.

Vor dem Eintreffen sollten Sie überlegen, ob Sie vor der Firma oder dem Tagungshotel Ihre Firmenflagge aufziehen können. Wenn es keine gibt, hissen Sie die jeweilige Bundes- oder Landesfahne oder kombinieren Sie beides. Damit heißen Sie Ihre Gäste von weitem herzlich willkommen. Tagen Sie in einem großen Hotel, versehen Sie die Anlaufstelle mit Ihrem Firmenlogo. Die Ankömmlinge wissen gleich, wo sie einchecken und alles Weitere erfahren können.

Denken Sie an die Wirkung des ersten Eindrucks.

Das Abholen

Wenn Sie selbst nicht zur Stelle sein können, lassen Sie Ihre Gäste durch eine kompetente und sympathische Person begrüßen. Falls ein Fahrer oder externer Dienstleister Ihre Besucher am Flughafen oder Bahnhof abholt, ist Pünktlichkeit oberstes Gebot. Er sollte mindestens 15 Minuten vor der geplanten Ankunft vor Ort sein und ein eindeutiges Firmenkennzeichen gut sichtbar hochhalten. Erfahrungsgemäß genügt die Namensnennung allein nicht, vielmehr sollte das Firmenemblem von weit her erkennbar sein.

Vermeiden Sie Pannen beim Abholen Ihres Gastes!

Weshalb? Hier eine wahre Begebenheit: Ein ausländischer Gast sollte am Münchener Flughafen abgeholt werden, der Abholer hat sich lediglich mit dem Firmennamen „Huber" ausgewiesen. Einer der Ankömmlinge steuerte auf den Abholer „Huber" zu und stieg in das Auto. Bei Ankunft in der 60 km entfernten Firma stellte sich heraus, daß eben dieser ausländische

Checkliste für das Abholen

- Pünktliches Abholen am Flughafen/Bahnhof veranlassen
- eindeutigen Treffpunkt vereinbaren
- durch Schild/Tafel mit Namen und Firmenenblem/Firmenprospekt ausweisen
- beim Ein- und Aussteigen helfen, Ehrenplatz anbieten
- bei Regen Schirm bereithalten
- zur Pforte begleiten
- Gepäck/Garderobe verstauen

Gast nicht zur Firma Huber im Norden von Bayern wollte, sondern zur Firma Huber am Starnberger See. Der wirkliche Besucher hat nach längerem Warten am Flughafen seinen Gesprächspartner angerufen und ihm müde und ein wenig entnervt mitgeteilt, daß er immer noch am Flughafen stehe. Gerade bei ausländischen Gästen müssen Sie mit Verständigungsschwierigkeiten rechnen.

Als Treffpunkt eignen sich die offiziellen Meeting Points oder ein Platz, der vorher genau vereinbart wurde. Dieser muß auch von einem Auswärtigen leicht und ohne sportliche Aktivitäten gefunden werden können.
Ihr Besucher wird vom Abholer freundlich begrüßt (falls es sich um einen Chauffeur handelt, dann bitte ohne Händedruck von ihm aus). Das Gepäck wird abgenommen und verstaut. Der Besucher wird

gefragt, wo er sitzen möchte. Generell: Der Ehrenplatz im Pkw ist der rechte Platz des Rücksitzes, der zweitbeste links daneben, also hinter dem Fahrer. Der Passagier steigt als erster ins Fahrzeug ein und als letzter aus, wobei ihm immer die Wagentür geöffnet wird. Während der Fahrt wird der Abholer keine Firmeninterna erzählen oder Fragen stellen. Am Ziel angekommen, öffnet er die Wagentür, trägt das Reisegepäck und begleitet bis zur Pforte. Bei Regen wird ein Schirm zur Verfügung gestellt, denn meist ist dieses sperrige Stück nicht im Reisegepäck. Dann wird dem Besucher die Tür aufgehalten – egal, ob Dame oder Herr – und man läßt ihn eintreten. Der weitere Weg wird mit den Worten gewiesen: „Erlauben Sie, daß ich vorausgehe." Denn der Abholer kennt sich im Hause aus und läßt den Fremden die Anmeldung oder Rezeption nicht selbst suchen. Schließlich wird noch dafür gesorgt, daß Gepäck und Garderobe verstaut werden. Der Besucher soll sich nach seiner Anreise nicht mehr mit seinem Reisegepäck und seiner Überbekleidung abmühen müssen. Unter Umständen ist man beim Ablegen behilflich.

Der Gast muß merken: Er wird erwartet und ist willkommen.

Ankunft in der Firma

An der Pforte angekommen, wird der Besucher mit einem freundlichen Lächeln und namentlich begrüßt. Deshalb sollten Sie vor seiner Ankunft eine Besucherliste an der Pforte deponieren. Es macht einen perfekten Eindruck, wenn der Besucher mit seinem korrekten Namen und dem richtigen Titel angesprochen wird. Ein Gast,

Eine Besucherliste könnte so aussehen:

Zeit	Name	Firma	melden bei/Tel.	Besonderheiten
10.00	Dr. Rex Delker	Doetsch	Frau Mayer, Nr. 28	wichtiger Kunde
10.30	Wolfgang Hoffmann	Selder	Sekr. GF, Nr. 201	wichtiger Lieferant
11.00	John Porter	SCA	Sekr. GF, Nr. 201	spricht nur englisch

der sich selbst an der Pforte anmeldet, wird sagen: „Guten Tag, mein Name ist Delker.“ Oder: „Ich heiße Rex Delker, ich bin mit Frau Mayer verabredet.“ Wenn er einen akademischen Titel hat und alles klappt, wird die Antwort lauten: „Guten Tag, Herr Dr. Delker, ich melde Sie bei Frau Mayer an, einen Moment bitte“.

Falls sich eine Wartezeit nicht vermeiden läßt, wird Ihrem Gast einen Platz im Empfangsraum oder einer Besucherecke angeboten. Gespräche unter Kollegen sollten während des Wartens unterbleiben. In der Besucherecke sollte Lesematerial aufliegen, z. B.:

- Firmenprospekte, wenn vorhanden auch fremdsprachig
- Geschäftsbericht, ggf. auch fremdsprachig
- Firmenchronik, falls vorhanden
- Stadtprospekt mit Angabe von Sehenswürdigkeiten
- Erfrischungstücher/ Aschenbecher
- Blumenschmuck (erfreut immer)

Niemals begibt sich Ihr Besucher Herr Dr. Delker allein auf die Suche nach Frau Mayer! Er muß an der Pforte oder im Empfangsraum abgeholt werden. Es sei denn, das Zimmer von Frau Mayer ist sehr leicht zu finden, und es ist gerade niemand verfügbar. Dann notieren Sie bitte

Zimmer- und Etagennummer auf ein Kärtchen. Muten Sie Ihrem Gast nicht zu, sich diese Angaben zu merken.

Für den Fall, daß ein Mitarbeiter Ihren Besucher an der Pforte abholt, sollte folgendes beachtet werden:

Ihr Mitarbeiter begrüßt den Gast freundlich, sagt seinen Namen (falls die beiden sich noch nicht kennen) und reicht zum Gruß die Hand. Älteren oder sehr hochgestellten Personen überläßt man die Entscheidung, ob sie die Hand reichen wollen.

Small Talk hilft weiter.

Ihr Mitarbeiter fragt, ob die Anreise gut war, ob man leicht hergefunden hat, ob die Stadt bereits bekannt ist. Man kann dabei auf Sehenswürdigkeiten aufmerksam machen, eine längere Unterhaltung sollte aber unterbleiben. Wenn Ihr Gast zum ersten Mal zu Ihnen kommt, wird wieder der Weg gebahnt mit den Worten: „Erlauben

Checkliste für die Ankunft in der Firma

- Firmen-/Landes-/Bundesflagge hissen
- Besucherliste mit Namen und Titel an die Pforte geben
- Besucherecke freundlich gestalten
- Begrüßung/Abholung des Gastes durch kompetente Person regeln
- Ehrengäste/wichtige Persönlichkeiten selbst am Eingang oder Pforte abholen
- Raum für Reisegepäck bzw. Tageszimmer für Garderobenwechsel zur Verfügung stellen

Sie, daß ich vorgehe." Die Tür wird immer aufgehalten.

Anders ist die Situation, wenn sich Ihr Besucher im Haus auskennt. Dann wird ihm der Vortritt gelassen, wobei jedoch auch hier die Türen geöffnet werden.

In anderen Fällen kommt Ihr Gast entweder selbst in das Vorzimmer oder wird dorthin gebracht. Die Vorzimmerdame wird ihn sofort begrüßen, indem sie aufsteht und ihm entgegengeht. Ist sie mitten in einem Telefonat, wird sie den Besucher mit Gesten begrüßen, ihm stumm einen Platz anbieten und das Gespräch schnell beenden. Selbstverständlich muß das Zimmer einen besucherfreundlichen Eindruck machen.

Die Vorzimmerdame bittet ihren Besucher, seine Garderobe abzulegen. Als Dame hilft sie nur viel älteren Damen oder Herren aus dem Mantel. Dann wird

der Besucher zum Gastgeber geführt, nach seinem Getränkewunsch (s. S. 18/19) gefragt und evtl. gebeten, kurz Platz zu nehmen. In diesem Fall muß Lesestoff bereitliegen.

Ankunft im Hotel

Klären Sie immer genau, wer die Kosten des Aufenthalts trägt. Überzeugen Sie sich etwa einen Tag vor Ankunft des Gastes, ob im Hotel alles in Ordnung ist. Wenn alles richtig gelaufen ist, ist Ihr Besucher bereits durch einen Prospekt über Adresse und Ausstattung des Hotels informiert (s. S. 48 und S. 55). So kann er ohne weitere Mühen Adresse und Telefonnummer in seiner Firma hinterlegen, falls er erreicht werden muß. Überlegen Sie, ob Sie Ihren Gast willkommen heißen, indem Sie durch das Hotel einen Blumenstrauß, eine Obstschale oder Spezialitäten des Landes auf das Zimmer stellen lassen. Informieren Sie über den weiteren Ablauf. Legen Sie Tagesordnung oder Programm auf das Zimmer, auch wenn es schon vorher zugeschickt wurde. Lassen Sie wissen, ob und wann abgeholt wird.
Zu diesen Unterlagen können Sie noch legen: den neuesten Firmenprospekt, einen Stadtplan mit Sehenswürdigkeiten und ein kleines Geschenk. Ihre Visitenkarte, versehen mit einem Willkommensgruß, liegt obenauf.
Achten Sie darauf, daß Ausländer die Unterlagen in der Landessprache bekommen, wenn möglich auch die Stadtbeschreibung etc. Wenn Sie auch noch eine internationale Zeitschrift dazulegen, wird Ihr Gast sich gewiß von Anfang an wohlfühlen.

Wählen Sie das richtige Hotel aus. In einem Luxushotel sind auch die Preise „Luxus“.

Der Aufenthalt

Der Besuch soll so angenehm wie möglich sein und im Gedächtnis bleiben. Deshalb müssen Sie die Veranstaltung bis ins Detail planen.
Lassen Sie Spielraum für zeitliche Verzögerungen, damit Ihre Planung nicht aus den Fugen gerät. Lassen Sie auch Spielraum zum Informationsaustausch unter den Gästen.
Ein Zuviel an Information lähmt das Interesse und die Aufnahmefähigkeit!
Bei mehrtägigen Veranstaltungen beginnen Sie den ersten Tag nicht vor 10:00 Uhr. Ihre Gäste möchten an diesem Tag vielleicht erst anreisen. An den nächsten Tagen ist gegen einen Beginn um 9:00 Uhr nichts einzuwenden. Der letzte

Überfordern Sie Ihre Gäste nicht

Name______________________ Vorname________________

Bevorzugte Speisen ____________________________________

Mag nicht so sehr ______________________________________

Ißt aus religiösen Gründen kein __________________________

Linkshänder ja ___nein___ Diabetiker ja _____nein ___

Vegetarier ja ___nein ___ Raucher ja _____nein ___

Zigaretten-/Zigarrenmarke _______________________________

Hobbies, Sonstiges _____________________________________

Immer nützlich: Ihre Gästekartei

Veranstaltungstag ist zugleich Abreisetag. Beenden Sie Ihr Programm um 16:00 Uhr, damit jeder Teilnehmer sich rechtzeitig auf die Reise machen kann. Bedenken Sie, daß Ihre Gäste im Hotel morgens auschecken müssen. Versuchen Sie, einen Raum zur Aufbewahrung des Reisegepäcks zu bekommen. Planen Sie in Ihr Tagesprogramm Pausen von 15 bis 30 Minuten ein. Nach zwei Stunden Vortrag oder Diskussion läßt die Aufmerksamkeit der Teilnehmer nach. Tee, Kaffee, Mineralwasser, Säfte geben wieder Schwung. Während der Pausen ist dafür zu sorgen, daß der Tagungsraum in Ordnung gebracht und gelüftet wird.

Lassen Sie 60-90 Minuten für das Mittagessen. Bieten Sie eine leichte Mahlzeit an, die nicht zusätzlich ermüdet. Wenn Ausländer unter Ihren Gästen sind, setzen Sie lieber Geflügel statt Schweinefleisch auf die Karte. Eine Gästekartei mit bekannten Sonderwünschen ist eine große Hilfe.

Legen Sie sich eine Gästekartei nach einem Muster an (siehe oben).

Wenn Sie das Hobby Ihres

Checkliste für den Aufenthalt:

- zeitlichen Spielraum für den Gedankenaustausch der Gäste lassen
- Besonderheiten notieren (Hobbies/kulinarische Wünsche/ Linkshänder/Sonstiges)
- Pausen-/Mittag-/Abendessen organisieren
- evtl. Rahmen-/Begleit-/Fahrerprogramm durchführen
- Nachrichten immer schriftlich weitergeben
- Besprechungsräume kontrollieren (Technische Mittel, wie Flipchart, Overhead, Tagungsgetränke, Notizblock, Schreibzug, Namenskarten)
- Sonstiges

Griffbereit halten bei Bedarf:

- Kursbuch/Auskunft DB/Flugplan/Rufnummer Taxibetrieb
- Stadtplan/Veranstaltungskalender
- Tageszeitung, ggf. auch international
- Schmerztabletten/Heftpflaster/Kreislaufmittel
- Nähzeug mit Sicherheitsnadeln und Knöpfen, Kleiderbürste
- Handschaufel/Handbesen (Mißgeschicke passieren immer!)
- Sonstiges

Gesprächspartners wissen, ist es einfach, die Konversation zu beginnen. Sehr zurückhaltende Gäste wollen vermutlich nicht zuviel Persönliches mit Ihnen bereden. Gehen dann auch Sie auf Distanz. Wenn man Sie fragt, geben Sie bereitwillig Auskunft, plaudern jedoch keine Betriebsgeheimnisse aus. Viele Gäste,

vor allem Ausländer, werden Sie nicht direkt nach der Toilette fragen, sondern: wo sie sich die Hände waschen können, eventuell auch nach dem „bathroom“ oder „restroom“.
Soll jemand für Ihren Gast anrufen, erhält er immer eine schriftliche Notiz.
Darauf steht:
Ihre Firma bittet um Ihren Rückruf. Telefon Nr. 12345/6789; Anruf um 10.15 Uhr, entgegengenommen durch Anna Mayer.
Ihr Besucher hat damit etwas in der Hand und wird die Nachricht nicht so leicht vergessen.

Die Abreise

Die Abreise ist ebenso wichtig wie die Ankunft.

Geht das Besuchsprogramm zu Ende, dürfen Sie nicht versäumen, Ihren Gästen für ihr Kommen zu danken und einen guten Heimweg zu wünschen. Gestalten Sie die Verabschiedung analog dem Empfang und bleiben Sie bis zuletzt aufmerksam.
Organisieren Sie Taxen in ausreichender Zahl, lieber eine Viertelstunde zu früh.
Für die Rückreise zum Flughafen oder Bahnhof gelten die gleichen Regeln wie bei der Abholung.
Ihren Ehrengast werden Sie selbst bis zum Wagen begleiten. Wenn Sie ihn persönlich zum Flughafen bringen und bis zum Abflug noch Zeit ist, sollten Sie Ihre Gesellschaft in der Lounge anbieten.
Bieten Sie Selbstfahrern, die ortsunkundig sind, einen Lotsen an, der sie durch die Stadt geleitet.

Unerläßlich: Ihr Dank danach

Wenn Sie wollen, daß der positive Eindruck, den Ihre Gäste mitgenommen haben, nachhaltig

Checkliste für die Abreise:

Checkliste

- Raum für die Aufbewahrung des Reisegepäcks oder Tageszimmer für Garderobenwechsel zur Verfügung stellen
- bei Umbuchungen behilflich sein
- an rechtzeitigen Aufbruch erinnern
- Fahrten zum Bahnhof/Flughafen organisieren
- Taxen rechtzeitig und ausreichend bestellen
- Leihwagen organisieren
- vorausfahrenden Wagen (Lotsen) anbieten
- Sonstiges

wirkt, sichern Sie ihn ab. Die beste Methode hierfür ist ein stilvoller Dank. Sind auf einer Veranstaltung (gute!) Fotos gemacht worden, verschicken Sie sie zusammen mit Ihrem Brief. Oder versenden Sie mit Ihrem Dankschreiben die Rede Ihres Festvortrags oder die eines Referenten.

Checkliste für das Bedanken

Checkliste

- individuellen Brief schreiben (keine Standardbriefe!)
- gute und die richtigen Bilder von der Veranstaltung beifügen
- Festrede oder besonderen Vortrag mitschicken
- evtl. Geschenk überreichen (Bildband der Stadt, in der die Veranstaltung stattgefunden hat)
- Liste anlegen: Inhalt des Briefes, welches Foto, welches Geschenk verschickt wurde (das verhindert Wiederholungen)

4 Veranstaltungen für Kunden

Das folgende Kapitel präzisiert die Alternativen, die Sie wählen können, wenn Sie Kunden als Gäste Ihrer Firma betreuen oder gewinnen wollen. Da sind einmal die zahlreichen Möglichkeiten der Geschäftsessen, die mehr auf Ereignisse des Tagesgeschäfts ausgerichtet sind. Dann die sehr zielorientierten Konferenzen etc. und schließlich – quasi als Königin der kundenorientierten Veranstaltungen – das Messeereignis.

Geschäftsessen von A – Z

Es gibt viele Gründe für „Geschäftsessen". Gern interviewt man einen Kandidaten für eine neue Stelle in einem Lokal, um u. a. auch seine Eßkultur und Tischmanieren zu prüfen. Ein bevorstehender Abschluß wird bei einem Essen zu Ende diskutiert, oder man nutzt die „Mittagspause" zur weiteren Besprechung.

Wann und wie werden diese Geschäftsessen durchgeführt?

A – Arbeitsessen oder Business-Lunch

Ein Arbeitsessen kann im internen Firmenkreis stattfinden, aber auch, wenn Kunden oder Lieferanten im Haus sind. Gern wird ein Arbeitsessen in die Tagesordnung einer Veranstaltung aufgenommen und findet in der Regel zu Mittag (Beginn 12.00 - 12.30 Uhr) statt. In diesem Fall ist Lunch die richtige Bezeichnung. Ein Lunch paßt gut in die zeitlich begrenzte Mittagspau-

se von 60-90 Minuten und dient der Zeitersparnis, weil gleichzeitig gegessen und besprochen wird. Als Räumlichkeiten bieten sich das Firmenkasino oder die Kantine oder ein nahegelegenes Restaurant an.
Für die Tischreservierung, die Menüwahl und Speisenfolge, die Bezahlung und die Trinkgelder gilt das auf S. 43 unter dem Stichwort „Gäste im Restaurant" Gesagte. Es kostet Zeit, wenn bei einem Arbeitsessen mehr als drei Gänge serviert werden; das Essen soll bekömmlich sein. Wenn Sie mehrere Gäste haben, d. h. mehr als sechs Personen am Tisch sitzen, empfiehlt es sich aus Zeitgründen, ein Menü vorzubestellen. Ein Lunch ist in den Arbeitstag eingeschoben, deshalb eignen sich keine alkoholischen Getränke. Seien Sie aber einem „Weintrinker" gegenüber tolerant.

Einladung: Mit Versenden der Tagesordnung, der Einladung zur Besprechung, auch kurzfristig telefonisch oder spontan aus der Arbeitssituation heraus.

Kleidung: Straßenanzug, d. h. Businessanzug/Kostüm oder Kleid

B – Bankett

Ein Bankett ist ein hochoffizielles Essen ab 40 Personen mit einem ebenso hochoffiziellen Anlaß. Es beginnt um 19.00 oder 20.00 Uhr pünktlich = s. t. und wird vier bis fünf Stunden dauern. Ein Bankett erfordert Tischordnung, Placement, Menükarten und Tischreden. Es wird zu Ehren einer hochgestellten Persönlichkeit oder eines wichtigen ausländischen Gastes gegeben. Das Essen muß mehr als drei Menügänge umfassen – üblich sind fünf bis sieben –, deshalb die lange Dauer. Zu einem Bankett paßt kein Büfett als Bewirtungsform! Gehen Sie hier auf „Nummer Sicher", und lassen Sie Ihr Bankett nur von absoluten Profis mit geschultem Servicepersonal durchführen. Wagen Sie keinen Alleingang! Besprechen Sie mit dem Bankettleiter oder dem Küchenchef auch mögliche Austauschgerichte. Vielleicht sind unter Ihren Gästen Vegetarier etc. Sprechen Sie den Zeitpunkt der Reden ab, damit sich Küche und Service darauf einstellen können. Die Begrüßungsrede hält der Gastgeber (s. S. 30/ 31).

Einladung: Gedruckte oder sehr individuell geschriebene Einladungen mit Antwortkarten, sehr langfristig, d. h. ca. drei Monate vorher. Deshalb sollten „Erinnerungskarten" (= p. m., „pour mémoire") etwa drei Wochen vorher verschickt werden. Zum Bankett wird paarweise geladen; einzeln geladene Gäste sind mit einem Tischpartner zu versorgen.

Kleidung:
Smoking/Abendkleid (nicht zu tief dekolletiert)

Brunch oder Déjeuner

Das Wort Brunch ist eine Kombination von Breakfast und Lunch. Hierzu eignet sich sehr gut ein kalt-warmes Büffet. Zum Brunch lädt man ein, um in lockerer Atmosphäre Kunden, Lieferanten oder ausländische Gäste mit Mitarbeitern des Unternehmens bekanntzumachen. Für einen größeren Kreis kann ein Brunch als Stehempfang organisiert werden (s. S. 39 und S. 75/76). Der Beginn kann zwischen 10.30 und 12.00 Uhr liegen, Dauer ca. 2 Stunden.

Einladung: auf repräsentativen Geschäftsbriefbogen, etwa vier Wochen vorher

Kleidung: Straßenanzug = Businessanzug/Kostüm oder Kleid

Büfett

Zu einem Büfett lädt man mittags, am späten Nachmittag oder abends ein. Es kann gut in betriebseigenen Räumen aufgebaut werden, beispielsweise während einer internen Konferenz, Besprechung mit Kunden oder Vorträgen mit auswärtigen Gästen. Auch anläßlich eines Geburtstages oder einer Verabschiedungsfeier wird gern ein Büfett gewählt. Zum Aufbau und Serviceregeln s. S. 38/39.
Wichtig: Der Gastgeber muß das Büfett mit einigen Begrüßungsworten „eröffnen", er nimmt sich jedoch nicht als erster. Sollte sich von den Gästen niemand an das Büfett „wagen", bittet ein erfahrener Gastgeber jemanden, den Anfang zu machen.

Einladung: schriftlich, auf Geschäftsbriefbogen zusammen mit der Tagesordnung. Bei einem offiziellen Anlaß drei bis vier Wochen vorher

Kleidung: Straßenanzug/Kostüm/Kleid

C – Cocktailparty

s. auch Empfang/Stehempfang, S. 75

Eine Cocktailparty wird im Stehen durchgeführt, beginnt üblicherweise um 17.30 Uhr und dauert ca. zwei Stunden. Gern überbrückt man damit die Zeit zwischen Büroschluß und Abendessen oder, falls Sie noch ins Theater eingeladen haben, die Zeit zwischen Dienstschluß und

Vorstellungsbeginn. Die Gäste kommen und gehen zwischen Beginn und Ende. Eine Cocktailparty wählt man auch, um den Kontakt zu benachbarten Unternehmen zu pflegen oder ausländische Gäste mit Mitarbeitern des Hauses bekanntzumachen.

Einladung: Mündlich, telefonisch, schriftlich drei bis vier Wochen vorher

Kleidung: Im allgemeinen gilt für die Herren Businessanzug, für die Dame Businesskleidung, aufgewertet durch Schmuck oder einen schicken Schal. Besuchen

Sie noch eine Abendveranstaltung, heißt es für den Herrn dunkler Anzug, für die Dame das „kleine Schwarze", Abendanzug oder Cocktailkleid.

D – Dinner

Dinner oder Diner? Gemeint ist damit in jedem Fall ein „gesetztes" Abendessen im größeren Kreis, d.h. ab zwölf Personen. Das Dinner beginnt um 19:30, 20:00 oder 20:30 Uhr. Es wird einen festlichen Anlaß dafür geben. Erforderlich sind Tischord-nung, -karten und ein Placement. Eine Rede erfolgt zwischen Hauptgang und Dessert. Mehr Tischreden sollte es nicht geben. Die Menükarten können Sie persönlich gestalten. Beispiel: Frau Bach, in einer Bank beschäftigt, hat Geburtstag. Die Hauptspeise ist „Forelle, frisch aus dem Bach", das Dessert „Süßes von der Wallstreet".

Einladung: schriftliche Einladungsschreiben mit Antwortkarte, mindestens vier Wochen vorher

Kleidung: dunkler Anzug, bei festlichen Essen Smoking, evtl. Dinnerjackett

E – Empfang/ Stehempfang

Die Anzahl der Teilnehmer kann von zehn bis über hundert variieren. Beginn: 11.00 Uhr, auch 16.00 oder 18.00 Uhr, Dauer: ca. zwei Stunden. Sie können den Empfang zeitlich begrenzen, indem Sie schreiben: „... findet ein Empfang von 11:00 bis 13:00 Uhr statt". Bei einem offiziellen Empfang müssen eine Rednerliste und -reihenfolge erstellt werden. Während eines Empfangs können Getränke und Canapés gereicht werden, oft wird jedoch das Ende der Reden abgewartet, denn mit ei-

nem Glas oder Teller in der Hand läßt sich kaum applaudieren. Sitzgelegenheiten stehen nur für ältere und gehbehinderte Gäste zur Verfügung. Einige kleine Tische für Aschenbecher und zum Abstellen der Gläser werden aufgestellt, ebenso ein Tisch für eventuelle Geschenke.
Wenn Sie viele Stehtische aufstellen, können Sie auch einen umfangreicheren Imbiß oder ein Büfett anbieten.
Serviceregeln für den Empfang finden Sie auf S. 39.

Einladung: acht bis drei Wochen vorher durch gedruckte Karten oder auf repräsentativen Geschäftsbogen. Mitunter auch mit Zusendung von Eintrittskarten, wenn anschließend gemeinsam eine Veranstaltung besucht werden soll. Wenn keine Antwortkarte mitgeschickt wird, muß weder zu- noch abgesagt werden.

Kleidung: Businesskleidung/dunkler Anzug/elegantes Kostüm bei offiziellen Empfängen. Dunkler Anzug/Smoking, wenn Sie hinterher eine Abendveranstaltung besuchen.

F – Frühstück

Ein Arbeitsfrühstück besteht aus Kaffee/Tee, Brötchen, Schinken, Honig, Marmelade und evtl. Eierspeisen. Wenn Sie zu einem geschäftlichen Frühstück einladen, dann geben Sie als Uhrzeit 9:00, spätestens 10:00 Uhr an. Es ist die unkomplizierte Art, Gäste nach oder vor einer Geschäftsreise am Morgen zu bewirten. Die geschäftliche Besprechung kann schon beginnen, während gefrühstückt wird.

Einladung: In der Tagesordnung erwähnen
Kleidung: Businesskleidung

Anmerkung: Der hanseatischen Tradition folgend wird oft von „Frühstück" gesprochen. Hier handelt es sich aber um ein Mittagessen! Die Vorfahren der Hanseaten wollten im Rathaus möglichst bescheiden wirken, und deshalb nannten sie ihre kulinarischen Treffen „Frühstück". Die Bezeichnung ist bis heute beigeblieben.

L – Lunch: s. Arbeitsessen oder Business-Lunch, S. 70/71

S – Souper

Englisch: supper, deutsch: Abendessen. Darunter versteht man bei uns ein spätes Abendessen. Gerne wird zu einem Souper im Anschluß an ein Konzert, Theater, Oper eingeladen. Beginn meist 22.00 Uhr oder noch später. Die Speisen sollen den Organismus vor dem Schlafengehen nicht belasten.

Einladung: Schriftlich, zusammen mit dem Versenden der Eintrittskarten für eine Vorstellung

Kleidung: festlich, der vorausgehenden Veranstaltung angemessen

Konferenz/ Symposium/Forum

Solche Veranstaltungen fordern ein Höchstmaß an Kompetenz von Ihnen. In ihrem Verlauf können Meinungsverschiedenheiten diskutiert sowie Informationen und Erfahrungen ausgetauscht werden. Sie können immer auf öffentliches oder zumindest Branchen-Interesse rechnen. Bauen Sie unbedingt einen roten Faden ein, z. B. ein Generalthe-

Kaum etwas ist so schwierig zu organisieren.

ma, aufeinander abgestimmte Vorträge etc. Achten Sie auf exzellente Referenten!
Ein gelungener Kongreß kann das Ansehen Ihres Unternehmens mehren, ebenso kann im Falle eines Mißerfolgs das Gegenteil eintreten. Professionelle Hilfe gewähren Kongreß- und Veranstaltungsbüros, geben Sie jedoch die Gesamtleitung nie aus der Hand.

Die **Einladung** (siehe S. 51 bis 57) müssen Sie so gestalten, daß Ihre Wunschteilnehmer und alle anderen sich angesprochen fühlen. Avisieren Sie den Termin rechtzeitig. Jeder Teilnehmer sollte sich auf die Veranstaltung vorbereiten können, deshalb ist das Versenden von Tagungsunterlagen ganz besonders wichtig. Überfordern Sie dabei Ihre Teilnehmer nicht mit zu viel

Information. Nur das Wesentliche kommt zur Verteilung. Bringen Sie Ihr Corporate Design in die Unterlagen ein, d. h. Ihr Firmenlogo oder Ihre Firmenfarben.
Legen Sie eine Teilnehmerliste an, und verteilen Sie diese auch.
Legen Sie Wert darauf, daß Ihre Veranstaltung der Öffentlichkeit bekannt gemacht wird? Dann sollten Sie die Presse dazu einladen (siehe S. 120-122).
Prüfen Sie, ob der gewünschte Konferenzraum frei ist. In großen Unternehmen wird es einen Belegungsplan geben. Werden während Ihrer Veranstaltung verschiedene Themen diskutiert, brauchen Sie auch mehrere Räume. Dies sollte aus der Tagesordnung hervorgehen.
Stellen Sie ein Placement (s. S. 28/29) auf, das Ihre Teilnehmer in die verschiedenen Räume weist.
Fertigen Sie Namensschilder an, falls sich die Teilnehmer untereinander nicht kennen. Auf ein Namensschild gehören der Vor- und Nachname, ggf. Titel und Funktion, sowie bei externen Teilnehmern

(Firmenlogo)
Peter Grünert
Geschäftsführer

der Firmenname.
Sie sind so deutlich zu schreiben, daß man nicht auf Tuchfühlung gehen muß, um den Namen des Gegenübers zu erkennen. Deshalb wird aus Platzgründen gern auf Titel verzichtet. Das Namensschild kann in den hauseigenen Farben gehalten oder mit dem Firmenemblem versehen werden.
Die Referenten sollten durch eigens dazu freigestellte Mitarbeiter betreut werden. Dieses Betreuungspersonal trägt ein-

Checkliste für den Konferenzraum

s. Checkliste für die Raumauswahl auf S. 47.
Zusätzlich sollten Sie auf folgende Punkte achten:

- Rednerpult, ggf. mit Mikrofon, aufstellen; Wasserglas nicht vergessen!
- evtl. Dolmetschern die Plätze anweisen, an denen sie am besten arbeiten können
- Raum für Chauffeure und anderes Begleitpersonal reservieren, Getränke und Imbiß bereitstellen
- Empfangstisch besetzen
- Hinweise zu den Konferenzräumen/Garderobe/sanitären Anlagen vorbereiten

Unerläßlich: ein Pannenprogramm.

heitliche Kleidung oder einen Schal in den Firmenfarben. So kann ein Gast gezielt und unkompliziert eine Betreuungsperson ansprechen. Ist ein Rahmenprogramm (siehe S. 123-126) geplant, weisen Sie gesondert darauf hin.
Bei Veranstaltungen mit viel Publikum sollten Sie auf einiges Unvorhergesehene gefaßt sein – daß z. B. ein Referent oder gar Ihr Festredner unfreiwillig zu spät kommt. Planen Sie deshalb eine Zusatzrede über ein allgemein interessierendes Thema ein. Bitten Sie einen guten Redner, dies zu übernehmen, falls eine Lücke gefüllt werden muß.
Am besten ist es, wenn Sie Ihre Gäste am Eingang empfangen. Lassen Sie einen „Empfangstisch" bereitsetzen. Zeigen Sie den Gästen die Garderobe und

Checkliste für die Pausen

- lüften
- Servierwagen bereitstellen
- wegnehmen, was nicht hingehört (Kronenkorken etc.)
- Aschenbecher leeren und reinigen
- Tische säubern
- Getränke frisch einstellen
- Kaffee/Tee frisch zubereiten und auf die Tische stellen
- Schmutziges Geschirr gegen frisches austauschen
- evtl. Kantine informieren; Bewirtung und Zeiten festlegen
- evtl. Imbiß vorbereiten
- evtl. Partyservice anrufen
- evtl. Tisch im Restaurant (Kantine) reservieren

weisen Sie auf die sanitären Anlagen hin mit den Worten: „Wenn Sie sich die Hände waschen möchten, um die Ecke finden Sie die Räume."
Wenn Sie eine Sitzordnung geplant haben, stellen Sie die Namensschilder gleich auf den richtigen Platz; ein aushängendes Placement gehört dazu. Haben Sie keine Sitzordnung, verteilen Sie die Namensschilder am Eingang, oder legen Sie sie aus, damit jeder Teilnehmer sein Schild an den Platz mitnehmen kann.

Namensschilder, die an der Kleidung getragen werden sollen, dürfen keine Spuren hinterlassen oder gar den Stoff beschädigen.

Planen Sie regelmäßige Pausen ein.

Während der Pause sollte der Raum verlassen und wieder in Ordnung gebracht werden. Akten bleiben dabei liegen, wie sie liegen. Aber entfernen Sie Kronenkorken, Papierschnipsel, am Boden liegende Büroklammern usw.

Vor allem: Lüften Sie gründlich, natürlich ohne Unterlagen durcheinanderfliegen zu lassen. Leeren und reinigen Sie evtl. die Aschenbecher. Räumen Sie benutztes Geschirr ab. Tauschen Sie Tee oder Kaffee gegen frischen aus, falls Sie Warmhaltekannen benutzen. Füllen Sie Säfte oder Wasser auf. Sorgen Sie dafür, daß genügend Kaltgetränke im Kühlschrank sind. Reinigen Sie die Tische. Achten Sie darauf, daß sich in den Milchkännchen keine Schicht abzeichnet, und entfernen Sie Reste von heruntergelaufener Milch unter der Ausgußtülle.

Nehmen Sie einen Servierwagen zu Hilfe, das geht schneller als mit einem Tablett.

Für die Mittagsmahlzeit wählen Sie entweder die firmeneigene Kantine, einen Partyservice oder ein nahegelegenes Restaurant (s. S. 21/22 und S. 40-43).

Achten Sie darauf, daß der „Empfangstisch" am Ende der Veranstaltung wieder besetzt ist, damit Ihre Gäste Hilfe bei Umbuchungen, Taxibestellung etc. finden oder ganz einfach freundlich verabschiedet werden.

Messen

Eine Messe ist ein Instrument des Marketing und führt Einkäufer und Verkäufer zusammen. Sie können hier Ihre Produkte und Neuheiten der Öffentlichkeit vorstellen und Kontakte mit interessierten Besuchern herstellen, die neue Produkte kennenlernen möchten. Messen werden nur für Kunden gemacht, sind außerordentlich aufwendig und sehr teuer. Die Messebesucher sollen den Eindruck gewinnen, daß Ihr Unternehmen ein kompetenter Partner ist. Nach außen sollen Sie einen positiven Eindruck machen, professionell, schlagkräftig, problemlösend, seriös, systematisch und innovativ wirken. Nach innen soll Ihnen die Messe helfen, das Kundenbild zu präzisieren, die Kundenerwartungen zu evaluieren und das Produkt auf dem Markt zu positionieren.

Das Hauptziel einer Messe ist nicht das Verkaufen. Sie soll vielmehr die Voraussetzungen dafür schaffen. Vermitteln Sie jedem Besucher auf Ihrem Messestand das Gefühl, ein willkommener Gast zu sein. Das ist hier Ihr erstes Ziel. Allerdings werden auf einer Messe die Besucher mit Informationen überschüttet. Deshalb muß sich nicht nur Ihr Messestand optisch einwandfrei präsentieren, sondern auch das Messepersonal. Jeder Ihrer Mitarbeiter muß hier nicht allein fachlich qualifiziert, sondern auch belastbar, kontaktfähig und gepflegt sein sowie über gute Umgangsformen verfügen.

Legen Sie einen organisatorischen Rahmen fest

Es lohnt sich, die folgenden Grundregeln zu beachten, denn sie können Ihnen helfen, Zeit und Kraft zu sparen, die Sie für Ihre Messegäste brauchen.

Ihr Dienstplan

Erstellen Sie einen Dienstplan und eine Standdienstordnung! Regeln Sie, wann wer anwesend sein muß bzw. Pausen einlegen kann. Ein Dienstplan muß Namen, Aufgaben und Dienstzeiten enthalten und täglich vor Messebeginn besprochen werden. Setzen Sie auch fest, wer für das Auf- und Abschließen des Standes verantwortlich ist.

Auf der Messe sind Sie immer im Dienst.

Abwesenheitsliste

Wer den Stand verläßt, muß hinterlassen, wohin er geht, unter welcher Telefonnummer er erreichbar ist und wann er wieder zurück sein wird.

Funktionen

Wer empfängt die Besucher? Wer berät sie? Wer übernimmt die Bewirtung? Wer legt Prospekte aus? Wer ist für die Sauberkeit des Messestandes zuständig? Besprechungsplätze müssen immer sauber sein!

Besonderheiten

Sie zeigen Stil, wenn Sie sich bei Ihren Standnachbarn vorstellen, ob bekannt, unbekannt, branchenfremd oder branchennah. Täglich vor Öffnung des Messestandes klären Sie Besonderheiten ab, z. B. ob sich die Besucherliste geändert hat.

Ihr Äußeres auf dem Messestand

Machen Sie dem Besucher äußerlich kenntlich, daß Sie zum Standpersonal gehören, denn er möchte

wissen, wen er ansprechen kann. Wählen Sie ein Kleidungsstück in den Firmenfarben oder mit dem Firmenemblem. Für die Damen bietet sich ein Schal an, für die Herren eine Krawatte in den entsprechenden Farben.
Statten Sie sich mit Namensschildern aus! Manche Messegesellschaften geben einheitliche Namensschilder aus. Überprüfen Sie sofort die Korrektheit der Angaben.
Mehr dazu auf S. 79.
Grundsätzlich sollten Sie sich gepflegt, dezent und seriös kleiden. Tragen Sie keine extravagante oder zu legere Kleidung, es sei denn, Sie sind in der Sport- oder Modebranche zuhause. Damen sind mit Kostüm oder einem Hosenanzug gut angezogen. Herren tragen Anzug oder Kombination. Die Krawatte gehört dazu! Lesen Sie dazu noch einmal S. 9 -14.
Sie sollten auch am Ende eines anstrengenden Messetages noch gepflegt aussehen und gut riechen. Eau de Toilette und Deodorant – bei Herren: Deo, Rasierwasser oder Eau de Toilette – müssen zusammenpassen. Ein Hauch genügt. Lieber sprühen Sie tagsüber öfters, aber dafür wenig.
Sie brauchen frischen Atem! Lutschen Sie zwischendurch ein Bonbon oder essen Sie etwas , aber nur, wenn Sie allein sind! Stark riechende Speisen, etwa Zwiebeln oder Knoblauch, sind während der Messetage tabu. Trinken Sie tagsüber auf keinen Fall Alkohol, sondern Mineralwasser oder Saft. Auch Tabakgeruch kann sehr störend wirken.
Rauchen oder essen Sie niemals vor Messebesuchern!

Der Besucher steht immer im Mittelpunkt.

Kommunikation

Gehen Sie abends früh ins Bett, damit Sie am nächsten Morgen wieder in Hochform sind.
Achten Sie auf Ihren Gesichtsausdruck! Schauen Sie niemals gleichgültig, mürrisch oder gar hochmütig in die Gegend. Zeigen Sie den Messebesuchern ein entspanntes und freundliches Gesicht. Und lächeln Sie bis zum Messeende, auch wenn es schwer fällt. Zeigen Sie sich bis zum Schluß einsatzfreudig, denn die Kunden kommen nicht nur vormittags.

Es gibt viele Arten von Besuchern ...

Plaudern Sie nicht untereinander. Besucher werden ungern eine plauderne Gruppe unterbrechen und um Rat fragen.
Seien Sie sich im klaren, daß der Besucher wenig Zeit hat. Lassen Sie ihn nicht zu lange auf eine Kontaktaufnahme warten. Sein Interesse wird erlahmen.
Formulieren Sie bereits am Anfang richtig. Fragen Sie beispielsweise nicht: „Was wünschen Sie?“ Der Besucher weiß es selbst nicht genau, er möchte sich zuerst einmal nur informieren. Wenn er einen konkreten Wunsch hätte, würde er danach fragen. Oder: „Kann ich Ihnen helfen?“ Diese Frage wird oftmals verneint, weil der Besucher bereits entnervt ist.
Heißen Sie den Gast vielmehr ganz unkompliziert willkommen, geben Sie das Gefühl, daß Sie sich über den Besuch freuen, und bieten Sie eine Führung über den Messestand an: Sie werden feststellen, daß auf diese Weise immer ein Gespräch zustandekommt, das Sie mit etwas Geschick und unter Vermeidung aufdringlicher Fragen lenken können.
Wenn gerade kein kompetenter Ansprechpartner

verfügbar ist, bieten Sie unangemeldeten Besuchern zuerst einen Platz und dann eine Erfrischung an, um die Wartezeit zu überbrücken.
Fest vereinbarte Termine müssen eingehalten, der Messegast direkt vom zuständigen Betreuer empfangen werden. Wenn der Gast bekannt ist, wird er selbstverständlich namentlich begrüßt. Ist er nicht bekannt, begrüßt ihn der Firmenrepräsentant und nennt selbst seinen Namen. Die weitere Besprechung findet am Stand oder in einer Kabine statt.

Was tun Sie, wenn Sie gerade einen Kunden beraten und ein anderer nach Ihnen fragt? Sie entschuldigen sich kurz bei Ihrem Gesprächspartner und bitten den hinzugekommenen Kunden um etwas Geduld. Oder Sie vereinbaren mit ihm einen Termin. Kehren Sie unverzüglich zum ersten Gesprächspartner zurück, entschuldigen Sie sich noch einmal für die kurze Verzögerung und bedanken Sie sich gleichzeitig für sein Verständnis. Gespräche dürfen nie „abgebrochen" werden, auch wenn ein bekannter Kunde am Messestand auftaucht. Schließen Sie jedes Gespräch mit einigen kurzen Worten des Dankes! Vielleicht fügen Sie noch einen kurzen persönlichen Satz hinzu.

Bewirtung am Messestand

Die Bewirtung während einer Verhandlung gehört zu den Gastgeberpflichten. Regionale Spezialitäten auf Messen werden immer beliebter. Bitte belästigen Sie Ihre Standnachbarn aber nicht mit Gerüchen. Das Getränkeangebot reicht vom Mineralwasser,

Kaffee, Tee, Säften bis hin zu Wein, Sekt und Bier. Stellen Sie auch Knabbereien auf die Tische. Halten Sie aber keinesfalls Besucher zu lange auf. Fragen Sie lieber, bevor Sie Ihre Spezialität servieren lassen, nach den zeitlichen Plänen.
Achten Sie darauf, daß die Getränke ausreichend gekühlt serviert werden. Wenn Sie einen guten Eindruck machen wollen, verzichten Sie auf umweltfeindliches Einweggeschirr. Benutztes Geschirr ist sofort abzuservieren; Aschenbecher müssen so oft wie möglich geleert und gereinigt werden.

Auch hier sind Sie als Gastgeber gefordert.

Wenn Sie den Service nicht allein bewältigen können, engagieren Sie Hilfskräfte. Messegesellschaften vermitteln Hostessen. Lassen Sie Ihre externen Hilfskräfte am Briefing vor Messebeginn teilnehmen!

Veranstaltungen rund um die Messe

Wenn Sie zu Ihrem Stand vor Messebeginn einladen, bedenken Sie folgendes: Wer ein neues Produkt auf der Messe vorstellt, sollten Sie einige Wochen vor Messebeginn Einladungen, ggf. mit Antwortkarten, versenden. Fügen Sie Eintrittskarten für die Messe bei, damit Ihren Wunschgästen keine Kosten entstehen. Und legen Sie einen Hallenplan zur Orientierung dazu, auf dem Sie Ihren Stand kennzeichnen. Lassen Sie, evtl. durch einen Party-Service, genug Canapés anfertigen.
Für größere Veranstaltungen können Sie auf jedem Messegelände Räume anmieten, die in der Regel von der Messegastronomie bewirtschaftet werden. In diesen Fällen sollten Sie Ihre Einladung nicht ohne Antwortkarten versenden. Für einen Empfang im An-

Checkliste

Für die Gästebetreuung am Messestand brauchen Sie:

- Kaffeemaschine/Filtertüten/Kaffee
- Teekanne/Tee, -beutel oder -filter
- Warmhaltekannen für Kaffee und Tee
- Zucker, Süßstoff, Milch
- Mineralwässer, Säfte
- ausreichend Geschirr und Gläser
- Korb für Obst, Knabbereien, Süßigkeiten
- viele Servietten
- Aschenbecher
- Erfrischungstücher
- Küchenrolle, Geschirr- und Spültücher, Spülmittel
- Handbesen/Handfeger

schluß an einen Messetag mieten Sie einen Raum innerhalb oder außerhalb des Messegeländes an. Erfahrungsgemäß veranstalten viele Firmen an den Abenden Empfänge oder geben Pressekonferenzen, deshalb sind geeignete Räume früh ausgebucht. Laden Sie die Presse ein und bereiten Sie sogenannte Pressemappen vor. Ein kompetenter Mitarbeiter verteilt die Mappen und muß imstande sein, die Fragen der Medienbeauftragten präzise zu beantworten (s. Pressekonferenz auf S. 120-122).

Oft heikel: die Raumfrage.

5 Offizielle Feiern

Bisher war von Ihrem Kunden als Gast in der Firma die Rede. Jetzt wenden wir uns einer anderen Zielgruppe zu: den Gästen einer offiziellen Feier. Sie ist naturgemäß weit heterogener als die Gruppe der Kunden, die sich im gemeinsamen Interesse am Produkt oder Geschäft zusammenfinden. Bei offiziellen Feiern steht der Anlaß im Vordergrund. Ob freudig oder traurig - er spricht Menschen aus den unterschiedlichsten Bereichen an und führt sie zusammen. Bei solchen Anlässen haben wir oft keine zeitliche Gestaltungsfreiheit; denn entweder stehen die Daten im Kalender fest, oder sie werden uns durch äußere Einflüsse aufgezwungen.

Hier ist die Planung oft schwierig.

Eines sollte jedoch klar sein: Die Teilnehmer einer solchen Feier sind unsere Gäste, und sie werden konsequent den Ablauf, den Service, die Organisation, das Niveau und den Inhalt mit uns in Verbindung bringen. Als Gäste tragen sie zugleich Multiplikatorenfunktion für unsere Firma, und das müssen wir positiv nutzen.
Der folgende Abschnitt soll Ihnen helfen, eine Veranstaltung auszuwählen, die Ihrem speziellen Anlaß angemessen ist.

Abschiedsfeier

Zu einem würdigen „Ausstand“ werden neben Vorgesetzten, Mitarbeitern, Betriebsrat und Kollegen die engsten Familienmitglieder sowie Gäste aus dem betrieblichen Um-

feld (Kunden, externe Berater) eingeladen. Findet ein Chefwechsel statt, laden Sie die Presse ein. Bei Reden hat stets die ausscheidende Person das erste Wort. Die Antwortrede hält der Nachfolger.
Position und Betriebszugehörigkeit werden den Ausschlag für den Rahmen der Feier geben. Die Bandbreite reicht vom unkomplizierten Umtrunk über einen Sektempfang mit Brötchen werktags um 11:00 Uhr, 16:00 Uhr oder 18.00 Uhr mit einer Dauer von ca. zwei Stunden, bis hin zur Einladung in ein Restaurant, die dann abends und auch am Wochenende stattfinden kann. Der Partner oder das engste Familienmitglied wird dazu eingeladen.
Wird für eine Abschiedsfeier ein bescheidener Rahmen gewählt, genügt als Einladung ein personalisierter Brief. Bei Feiern mit offiziellem Charakter sind gedruckte Einladungen mit Rückantwortkarten angezeigt.
Halten Sie die Abschiedsfeier in den eigenen Räumen ab, bietet sich dafür die Mittagszeit oder der Nachmittag ab 16:00 Uhr an. Planen Sie etwa zwei Stunden ein. Organisieren Sie ein kalt-warmes Büfett (s. S. 21, S. 38/39 und S. 73).

Entscheidend: die Stellung in der Hierarchie des Unternehmens

Akademische Feier

Dies ist eine Feier auf höchstem Niveau und erfordert eine Teilnehmerzahl ab 100 Personen; Beginn: 11.00 Uhr; Dauer: bis zwei Stunden.
Eine akademische Feier muß einen feierlichen Rahmen haben.
Die Festansprache (s. S. 33) sollte musikalisch umrahmt werden. Begrüßung der Gäste protokollgerecht. Theaterbe-

stuhlung. Es gibt nichts zu essen oder zu trinken.
Nach einer Akademischen Feier wird gern zu einem Empfang (Getränke/Imbiß) geladen.
Einladung: Gedruckte Karten mit Rückantwort mindestens vier Wochen vorher.
Bekleidungsvorschrift: Überlegen Sie bitte, ob Ihre Gäste auch einen Cut/Stresemann besitzen!

Festakt

Veranstalten Sie einen Festakt bitte nur dann, wenn Sie etwas Außergewöhnliches feiern wollen. Sie können Ihren Festakt auch Matinee nennen, wenn er am späten Vormittag stattfinden soll. Ein Festakt ist eine hochoffizielle Angelegenheit und verlangt nach dem „Protokoll". Ein angemessener Anlaß ist z.B. die Verleihung eines Verdienstkreuzes, die Wiederkehr des Todestages des Ehrenbürgers einer Stadt, der 100. Geburtstag einer Firma. Im privaten Bereich könnte die Einladung zu einem Festakt als überzogen gelten – es sei denn, es gilt eine hochgestellte Persönlichkeit des öffentlichen Lebens zu würdigen. Dann aber ist der zu Ehrende Ehrengast und nicht Gastgeber.

Festakte sind ganz besondere Gelegenheiten.

Zu einem Festakt gehören Reden, z. B. eine Festansprache und/oder eine Laudatio. Das Wort Laudatio kommt von lat. laudare = loben. Entsprechend sorgfältig muß sich der „Lobredner" mit dem Lebenslauf und den hervorragenden Leistungen des zu Ehrenden auseinandersetzen. Eine Laudatio erfordert immer eine Dankesrede des Geehrten, die der letzte Wortbeitrag des Festaktes ist. Eine musikalische Umrahmung, die

selbstverständlich nicht vom Band kommen darf, begleitet den Festakt. Kammermusik paßt immer, auch Solisten können zu Gehör kommen.
Ein Festakt sollte nicht länger als 90 Minuten dauern. Vermeiden Sie viele Grußworte und lange Reden. Für die eigentliche Festrede bzw. Laudatio sind 45 Minuten eigentlich schon zu lang.
Wenn Ihr Festsaal Theaterbestuhlung, d. h. Reihenbestuhlung aufweist, stellt sich die Frage nach der Bewirtung nicht. Es gibt weder etwas zu essen noch zu trinken. Wenn Sie Ihre Gäste nicht unbewirtet heimschicken möchten, laden Sie hinterher zu einem Empfang ein (s. S. 75/76). Sie können dazu auch die Mitwirkenden (Musiker, Solisten) einladen.

Ein solcher Empfang hat **Vorteile:**

- Sie haben die Möglichkeit, Ihre Gäste persönlich zu begrüßen
- Ihre Gäste haben Gelegenheit, sich untereinander auszutauschen
- Sie schicken Ihre Gäste nicht hungrig und durstig weg

Schon bei den Einladungen müssen Sie auf den Zeitplan hinweisen.

Unerläßlich: langfristige Planung.

Setzen Sie hinter die Uhrzeit das Kürzel „s. t." (s. S. 54) oder „Einlaß ab 10:30 Uhr, Beginn 11:00 Uhr". Oder „Beginn 11:00 Uhr, um pünktliches Erscheinen wird gebeten."
Bei einem Festakt ist die Versendung von gedruckten Einladungen (mit Antwortkarten) acht Wochen vor der Veranstaltung unabdingbar. Aus der Einladung muß hervorgehen, ob der Empfänger allein oder mit Begleitung erwar-

Zeitlicher Ablauf eines Festaktes:

Beginn 11.00 Uhr	Musikstück	5 Minuten
	Begrüßung	5 Minuten
	Grußwort	5 Minuten
	Festvortrag	30 Minuten
	Musikstück	5 Minuten
	Laudatio	15 Minuten
	Dankesworte	5 Minuten
	Musikstück	5 Minuten
		75 Minuten

tet wird und ob noch ein Imbiß im Anschluß an die Veranstaltung gereicht wird. Sie können formulieren: „Der Festakt wird gegen 12.00 Uhr beendet sein. Anschließend laden wir zu einem Imbiß ein." Kündigen Sie den Termin vor Versendung der Einladungskarten vorsichtshalber zusätzlich brieflich an. Das kann bereits einige Monate vorher sein und muß weder Programm und Veranstaltungsort festlegen.

Spätestens am Tag des Festaktes muß das genaue Programm, der sogenannte „Programmzettel", auf den Stühlen liegen.

Die Begrüßungsworte spricht der Gastgeber, das Grußwort kann ein Vertreter des öffentlichen Lebens halten. Für den Festvortrag sollte ein prominenter Redner engagiert werden. Die Laudatio hält eine Persönlichkeit, die zum Thema oder zum Anlaß Bezug hat. Die Dankesworte zur Laudatio hält der Geehrte.
Kleidervorschrift: Ein elegantes Kostüm oder Tageskleid für die Dame ist passend. Nicht angebracht

sind am Tage Glitzergarderobe oder tiefe Ausschnitte. Die Herren tragen einen dunklen Anzug, keine Kombination.

Firmenjubiläum

Firmenjubiläen sind die individuellen Feiertage eines Unternehmens. Gefeiert wird meistens die Wiederkehr der Gründung oder eines besonders wichtigen Stichtags. Je älter das Unternehmen, desto aufwendiger wird die Feier ausfallen. Lassen Sie sich etwas einfallen – eine Jubiläumsbroschüre beispielsweise, die an Gäste und Mitarbeiter verschenkt wird. Ihre Jubiläums- oder Festzeitschrift werten Sie auf, wenn Sie für ein Grußwort eine wichtige Persönlichkeit gewinnen können.

Dafür kämen in Frage:
Bundesminister/Landesminister/Ministerpräsident/Oberbürgermeister/Bürgermeister, Landrat, Vertreter einer Institution. Geben Sie diesen Persönlichkeiten für das Grußwort Informationen in Form eines Abrisses und einer Kurzbeschreibung Ihres Unternehmens. Der Schreiber des Grußwortes wird es Ihnen danken.

Die große Feier für seltene Gelegenheiten.

Wie wird gefeiert?
Sie können auf die üblichen Veranstaltungsformen zurückgreifen, das sind

- Tag der offenen Tür (s. S. 116); Akademische Feier (s. S. 91/92); Festakt (s. S. 92-94) Symposium (s. S. 77-82); Empfang am Vormittag oder Nachmittag (s. S. 75/76); Ausstellung, Pressekonferenz (s. S. 120-122); mehrtägiges Festprogramm; Betriebsfest; Abendveranstaltung wie

Dinner (s. S. 75), Bankett (s. S. 71/72), Ball, Opern-/ Konzertbesuch.

Wo wird gefeiert?

Je nach Größe Ihrer Veranstaltung können Sie feiern: in den Betriebsräumen, in einem Hotel oder Kongreßzentrum, im Restaurant, in der Stadthalle, in einem Festzelt oder auf einem Schiff.

Wie lange dauern die Feierlichkeiten?

Ein großes, internationales Unternehmen feiert über einen gewissen Zeitraum regional oder gar überregional. Eine Stadt begeht vielleicht ein „Jubiläumsjahr". Ein kleineres Unternehmen wird sich mit zwei Stunden begnügen, ein Handwerksbetrieb einen zünftigen Abend veranstalten.

Wer wird eingeladen?

Sie sollten ab dem „silbernen Jubiläum" die Honoratioren der Stadt bzw. Gemeinde, die Verbandsspitzen (frühzeitig!), die Repräsentanten der Politik, Ihre Kunden und Geschäftsfreunde sowie Vertreter der Banken einladen. Und wieder nicht vergessen: die Presse bzw. Medienvertreter. Ob Sie alle Ihre Mitarbeiter einladen, hängt von der Größe des Unternehmens ab. Die Einladung des Betriebsrats ist auf alle Fälle ein Muß! Laden Sie auch ehemalige langjährige Mitarbeiter ein!

Legen Sie ein Gästebuch aus! Für die spätere Danksagung, ggf. mit Versendung eines Fotos oder der Festschrift, können Sie darauf zurückgreifen.

Nachfolgend ein Beispiel einer zweitägigen Feier:

1. Tag Dienstag, 01. 12. 1998

bis 15 Uhr	Eintreffen der Gäste im Hotel Grieser
16:00 Uhr	Empfang im Rathaussaal durch Herrn Bürgermeister Rudolf Zehentner
17:00 Uhr	Eröffnung der Ausstellung der Malerin Maria Spitaler der Verkaufserlös kommt der Sozialstation zugute
20:00 Uhr	Festliches Abendessen im Restaurant des Hotels

2. Tag Mittwoch, 02. 12. 1998

10:00 Uhr	Musikalische Eröffnung der Jubiläumsveranstaltung in der Stadthalle mit dem Orchester *Arsatius Consort*
10:15 Uhr	Begrüßungsrede des Vorstandsvorsitzenden Herrn Peter Blechinger
10:30 Uhr	Grußworte von Herrn Bürgermeister Rudolf Zehentner
10:40 Uhr	Festansprache des Bundestagsabgeordneten Herrn Hans Koppold
11:00 Uhr	Musikalischer Ausklang (Angabe der Darbietungen)
11:30 Uhr	Stehempfang
12:00 Uhr	gemeinsames Mittagessen in der Ratsstube der Stadthalle

Sie erreichen Ihren Fahrer während der Mahlzeiten unter Telefon 0171/987654

Wenn Sie wissen, in welchem Rahmen Ihr Jubiläum gefeiert werden soll, brauchen Sie ein Grobkonzept.

- Wer organisiert die Veranstaltung?
- Verfügen Sie über geeignetes Personal, oder ziehen Sie eine Veranstaltungsagentur zu Hilfe?
- Gästeliste festlegen. Betriebsrat/Presse nicht vergessen! Bei Abendveranstaltungen laden Sie mit Begleitung ein! Gäste-Reserveliste anlegen, erfahrungsgemäß sagen etwa 30 % ab
- Tag und Uhrzeit festlegen
- Termin mit Festrednern, Ehrengästen und Personen für das Rahmenprogramm abstimmen
- Veranstaltungsort festlegen, Räumlichkeiten unverbindlich reservieren lassen, Übernachtungskontingent buchen
- Rückantwortkarten durchsehen und „u.A.w.g." – Termin überwachen
- Einen „Annahmedienst" einrichten, der Glückwünsche/ Geschenke entgegennimmt und registriert
- Dekoration bestimmen (Fahnen, Tischschmuck, Blumen)
- Welche Reden kommen in Frage? Inhalt und Dauer abstimmen. Wer hält Laudatio? Festredner verpflichten
- Rahmenprogramm (Fotograf, Showeinlage, Ausstellung u. a.) festlegen und Künstler engagieren
- Bei Großveranstaltungen: Müssen Polizei, Rotes Kreuz, Feuerwehr etc. informiert werden? In der Stadt-/Gemeindeverwaltung nachfragen

Geburtstag

Wenn ein Geburtstag in den Firmenkalender als besonderes Ereignis eingeht, muß schon ein Repräsentant des Unternehmens seinen Sechzigsten, in Ausnahmefällen den Fünfzigsten feiern. Je höher die Persönlichkeit steht, desto höher sollte das Niveau der Veranstaltung sein.

Sie haben mehrere Möglichkeiten, Ihren Geburtstag mit der Öffentlichkeit zu feiern:

- ein Empfang am Vormittag oder Nachmittag (s. S. 77-82). Nachmittags können Sie das Fest in Verbindung mit einem Imbiß oder Büfett ausdehnen (s. S. 73).
- eine Abendeinladung zum Dinner oder ein Theater-/Konzertbesuch mit vorherigem Empfang oder anschließendem Souper (s. S. 75/76 und S. 77). Mitunter tritt dabei ein anderer Gastgeber auf.
- ein Brunch (s. S. 72/73)
- ein Ausflug mit der Belegschaft und/oder Kunden
- ein Festakt (s. S. 92-95). Hier tritt der Jubilar keinesfalls selbst als Gastgeber auf!

Ein privates Ereignis kann zur offiziellen Feier werden.

Die Einladung sprechen Sie schriftlich aus, gedruckt oder auf Briefbogen. Persönlich wirken Einladungen, wenn Sie den Namen des Eingeladenen handschriftlich schreiben. Bei der Erstellung Ihrer Gästeliste sollten Sie berücksichtigen, daß etwa 30 % absagen. Notieren Sie sich am besten schon Monate vor der Feier die Namen, die Ihnen spontan einfallen. Gehen Sie die Mitgliederverzeichnisse Ihrer Clubs durch.
Klären Sie, wer einlädt. Bei offiziellen Feiern sind das Vertre-

Wer ist hier der Gastgeber?

ter des Unternehmens oder der Institution, im privaten Kreis der Jubilar selbst oder eine vertraute Person. Wenn Ihre Feier eher offiziell werden soll, überlegen Sie bitte auch, welchen Personen oder Institutionen gegenüber Sie eine „Einladungsverpflichtung“ haben. Unter Umständen ist eine zweite Feier notwendig, wenn der gewünschte Kreis zu groß wird oder die Gäste nicht zusammenpassen.
Ihre Einladung muß eine **Rückantwortkarte** haben. Stellen Sie deutlich heraus, welchen Anlaß Sie feiern. Wenn Sie statt persönlicher Geschenke eine Spende für wohltätige oder kulturelle Zwecke erbitten, schreiben Sie es klar in Ihre Einladung hinein. Aus ihr sollte auch hervorgehen, wie sich Ihre Gäste anzuziehen haben.
Geben Sie Ihren Freunden und Bekannten die Chance, an Ihrem „persönlichen Feiertag“ zu gratulieren, auch wenn die Feier wegen Ihres Urlaubs o. ä. auf einen späteren Zeitpunkt

Vorschlag für den zeitlichen Ablauf einer offizieller Geburtstagsfeier:

11:00 Uhr	Ankunft des Jubilars mit seiner Familie Begrüßung in einem separaten Raum mit einem Willkommensgetränk
11:10 Uhr	Eintreffen im Festsaal
11:15 Uhr	Begrüßungsworte durch den Gastgeber (der nicht der Jubilar ist)
11:20 Uhr	weitere Reden (Bürgermeister, Vereinsvorsitzender usw.)
11:30 Uhr	Überreichung des offiziellen Geschenks
11:35 Uhr	Dankesworte des Jubilars
11:40 Uhr	Beginn der Gratulationen mit anschließendem Umtrunk und Imbiß

Checkliste

Hier einige Tips auf einen Blick:

- Legen Sie den Rahmen fest: „groß“ oder eher bescheiden? Offiziell oder privat?
- Stimmen Sie den Termin zuerst mit Ihren Wunschgästen ab.
- Legen Sie die Gästeliste fest.
- Planen Sie den Ablauf.
- Versenden Sie rechtzeitig Ihre Einladung.
- Falls Sie eine Spende wünschen, benennen Sie den Zweck.
- Lassen Sie einen Tisch zum Ablegen der Geschenke bereitstellen (s. S. 102).

(nie früher!) gelegt wurde. Sorgen Sie dafür, daß jemand an Ihrem Wohnort an diesem Tag Geschenke, Briefe und Glückwünsche entgegennimmt.
Wenn Sie nicht der Einladende sind, betreten Sie den Veranstaltungsraum erst zu Beginn der Feier. Sind Sie selbst Gastgeber, begrüßen Sie Ihre Gäste kurz und beginnen pünktlich mit Ihrer Begrüßungsrede. In Ihrer Dankesrede bedenken Sie alle, die zum Gelingen der Feier beigetragen haben. Denken Sie auch an die schriftlichen Gratulationen!

Achten Sie darauf, daß Ansprachen nicht ins Uferlose ausarten. Muten Sie Ihren Gästen nicht mehr als 45 Minuten im Stehen zu!

Geschäftseröffnung

Die Eröffnung oder Erweiterung eines Geschäfts oder einer Firma sollte der Öffentlichkeit kundgetan werden (siehe Pressekonferenz auf S. 120-122). Durch diese Veranstaltung wollen Sie neue Kunden gewinnen oder bestehende Kontakte pflegen. Die Gäste sollen als Mulitplikatoren wirken und helfen, das neue Geschäft in Schwung zu bringen.

Ihre beste PR-Veranstaltung!

Wann? Im Rahmen eines Empfangs, s. S. 75/76.

Wer? Eingeladen werden Kunden, Lieferanten, benachbarte Geschäftsleute, Presse, Honoratioren des Ortes (wie Landrat, Bürgermeister, Stadtrats- oder Gemeinderatsmitglieder, Pfarrer).

Wie? In den neuen Räumen begrüßen Sie Ihre Gäste möglichst schon an der Tür. Mitarbeiter leiten die Gäste weiter und nehmen die Garderobe entgegen. Evtl. Einstandsgeschenke werden, falls sie keine Karte tragen, sofort mit Angaben über den Spender versehen und auf einen Tisch gestellt.
Führen Sie dann Ihre Gäste, versorgt mit einem Willkommensgetränk, durch die Geschäftsräume. In Ihrer darauf folgenden Rede sprechen Sie allen Beteiligten Dank für ihr Kommen aus. Ihre Bewirtung folgt den Regeln des Empfangs bzw. des Büfetts (s. S. 75/76 und S. 73). Vergessen Sie auch hier nicht, rechtzeitig einzuladen und Informationen zu übermitteln (s. S. 51-57). Zusätzlich kann eine Anzeige in der örtlichen Tagespresse erscheinen.

Kleidung:
Sie und Ihre Gäste kommen so, wie Sie tagsüber gekleidet sind.

Grundsteinlegung

Ereignisse wie eine Grundsteinlegung oder Geschäftseröffnung sollten im Firmenkalender dick markiert sein; denn es handelt sich um positive Botschaften. Fröhlichkeit ist angesagt und sollte nicht durch ein zu hohes Niveau der Veranstaltung gedrückt werden.

Wann? Der richtige Zeitpunkt ist der späte Vormittag an einem Werktag, am besten mit Gelegenheit zur Bau-Besichtigung. Als Dauer sollten Sie maximal zwei Stunden einplanen. Fragen Sie bei Ihrem Ehrengast/Festredner an, nachdem Sie mit der Bauleitung Termine gefunden haben. Laden Sie weitere Ehrengäste möglichst Monate im voraus ein, andere Gäste drei bis vier Wochen vorher. Die örtliche Presse wird 8 – 14 Tage zuvor informiert.

Wer? Anwesend sind gewöhnlich der Architekt, die Bauleitung, ggf. die Maurer, die Firmenleitung, die Belegschaft oder ein Teil davon, die benachbarten Unternehmen, Geschäftsfreunde, Kunden, Funktionäre, Presse, Honoratioren des Ortes wie Landrat, Bürgermeister, Pfarrer. Sorgen Sie dafür, daß jemand das Ereignis auf Fotos festhält. Sie haben dann die Möglichkeit, diesen Akt in Ihrer Haus- oder Mitarbeiterzeitschrift zu veröffentlichen.

Die fröhliche Grundstimmung vermittelt Optimismus.

Wie? Die Feier beginnt mit Reden von etwa fünf Minuten. Vielleicht brauchen Sie ein Rednerpult und ein Mikrofon.

Zur Grundsteinlegung gehören die guten Wünsche in Urkundenform, die gern eingemauert werden. Das tut der Bauherr oder der Ehrengast oder beide zusammen. Nach „getaner

Vorschlag für den Zeitplan einer Grundsteinlegung:

11.30 Uhr	Begrüßung der Gäste durch die Firmenleitung
11.40 Uhr	Rede des Architekten
11.50 Uhr	Rede des Bürgermeisters
12.00 Uhr	Grundsteinlegung
12.15 Uhr	Imbiß im Festzelt

Die wichtigsten Punkte zusammengefaßt:

Checkliste

- Termin sehr früh abklären, zuerst mit dem Architekten und der Bauleitung (wegen Baustopp), dann mit dem Ehrengast
- Einladungen versenden
- Rede der Firmenleitung
- Rede des Architekten
- Rede des Bürgermeisters
- Grundsteinlegung (Utensilien festlegen, mit Architekten abstimmen)
- Verpflegung – wo und was?

Arbeit" stoßen die Hauptpersonen mit einem Gläschen Schnaps an (auch wenn nur Wasser darin ist, man merkt es nicht).
Die weitere Feier kann in ein Zelt oder in einen nahegelegenen, geschlossenen Raum verlegt werden.

Die Verpflegung soll herzhaft und ohne großen Aufwand anzubieten sein. Als Getränk paßt am besten Bier, auch alkoholfreies, und Mineralwasser. Kündigen Sie vorsorglich Ihre Veranstaltung einem Taxiunternehmen in Ihrer Nähe an. Es könnte sein, daß Gäste auf einen Fahrdienst zurückgreifen möchten.

Kleidung: Da Ihre Grundsteinlegung an einem Werktag und über Mittag erfolgt, erscheinen Sie und Ihre Gäste in Business-Kleidung, also so, wie sie tagsüber im Beruf gekleidet sind.

Mitarbeiter-Jubiläum

Bei Mitarbeitern werden 10, 25, 30, 35, 40 und mehr Jahre Firmenzugehörigkeit gefeiert. Die lange Betriebszugehörigkeit, die Treue und Stetigkeit werden hervorgehoben. Bei diesen Feiern ist darauf zu achten, daß alle folgenden Jubiläen im selben Rahmen gefeiert werden. Dann kann es keine Benachteiligungen geben. Legen Sie eine „Jubiläumsliste" an: Name des Jubilars, Anlaß der Feier, wo und wie wurde gefeiert, wer wurde eingeladen, was wurde geschenkt.

Wichtig: Niemanden benachteiligen!

Wählen Sie als Zeitpunkt die Weihnachtsfeier oder eine Jahresversammlung. Dann haben Sie die Möglichkeit, ggf. mehrere Jubilare gleichzeitig zu ehren. Kollegen und Mitarbeiter des Jubilars sind einzuladen. Vergessen Sie nicht, sein engstes Familienmitglied einzuladen!

Pensionierung eines Mitarbeiters

Werden innerhalb eines überschaubaren Zeitraums mehrere Personen verabschiedet, kann es durchaus eine gemeinsame Feier geben; eine Terminabsprache mit allen Pensionären in spe ist dann unabdingbar. Jeder Mitarbeiter, der verabschiedet wird, wird mit persönlichen Worten bedacht und erhält ein Geschenk, im öffentlichen Dienst auch die Entlassungsurkunde. Vergessen Sie nicht, der Partnerin Ihres ausscheidenden Mitarbeiters einen Blumenstrauß zu überreichen. Bei Mitarbeiterinnen geht der Partner leer aus.

In kleineren Betrieben bis etwa 50

Lassen Sie keine Traurigkeit aufkommen!

Checkliste

Checkliste für die Feier zur Pensionierung eines Mitarbeiters

- Termin mit dem zukünftigen Pensionär festlegen
- Raum reservieren
- Einladungsliste mit der Hauptperson abstimmen; Partner oder Familienmitglied nicht vergessen!
- bei kleineren Betrieben: Feierlichkeit am Schwarzen Brett bekanntgeben
- Bewirtung organisieren (Kantine, Mitarbeiter, Partyservice – an Vegetarier, Diabetiker etc. denken)!
- Rede ausarbeiten und abstimmen
- Abschiedsgeschenk besorgen; unterschriebenen Brief dazulegen
- Fotoapparat bereithalten
- Blumenstrauß für Partnerin besorgen

Beschäftigten sollten Sie die Feier im Kreise aller Mitarbeiter veranstalten. Ein noch kleinerer Betrieb kann eine Feier mit familiärem Charakter veranstalten, z. B. ein Abendessen in einem Restaurant. Das Menü sollte mindestens aus drei Gängen bestehen. Beim Aperitif, zwischen Vorspeise und Hauptgericht oder spätestens zwischen Hauptgericht und Dessert hält der Vorgesetzte seine Rede, dankt dem Pensionär und erzählt lustige Anekdoten aus dem gemeinsamen Berufsleben, um den Ernst der Situation zu überbrücken. Zuletzt überreicht er ein Abschiedsgeschenk, das berufsbezogen, auf Vorlieben oder Hobbies abgestimmt wurde. Den Blumenstrauß für die Partnerin nicht vergessen!

Der Rede des Vorgesetzten folgt evtl. eine kurze Gegenrede des Geehrten, in der auf die Worte des Vorredners eingegangen werden sollte, verbunden mit seinem Dank an die Kollegen.

Apropos Abschiedsgeschenk: Ziehen Sie bei der Auswahl ein Familienmitglied zu Rate!

Trauerfall

Hier ist Ihr Taktgefühl gefordert.

Ein ganz sensibles Thema ist der Tod einer nahestehenden Person, eines Vorgesetzten, eines Mitarbeiters, eines Geschäftsfreundes. In einer solchen Situation ist es auch nicht angebracht, nach Gast und Gastgeber zu differenzieren. Es geht vielmehr darum, durch korrektes und einfühlsames Verhalten dem Verstorbenen Referenz zu erweisen, den Hinterbliebenen Trost zu spenden und der Trauergemeinde Mitgefühl und Solidarität zu ermöglichen.

Wenn Sie vom Tod eines Mitarbeiters, Kollegen oder Geschäftspartner erfahren, sollten Sie trotz aller Trauer und Betroffenheit aktiv werden. In jedem Fall werden Sie einen ehrlichen Kondolenzbrief schreiben. Steht Ihnen der Verstorbene sehr nahe, werden Sie den Angehörigen Ihre Hilfe anbieten.

Geklärt werden müssen außerdem:

- der Zeitpunkt der Trauerfeier und der Beerdigung
- Anzeigen in Zeitungen
- angemessene Information innerhalb des Unternehmens
- Traueranzeigen an Geschäftsfreunde und -partner
- Teilnahme an der Trauerfeier und Beisetzung
- Reden seitens des Unternehmens in der Trauerhalle oder am Grab
- Veranstaltung eines gesonderten Trauerakts nach der Beisetzung
- Niederlegung von Kränzen oder
- Bitte um eine Spende

Anmerkung: Dem Wunsch des Verstorbenen bzw. der Bitte der Angehörigen soll hier entsprochen werden. Die Höhe der Spende sollte über den Ausgaben für einen Kranz oder Blumen liegen.

- Regelung der Fahrmöglichkeiten zur Beisetzung

Der Firmennachruf

Beim Nachruf in der Zeitung wird das Wort Nachruf nicht gedruckt. Der Firmennachruf sollte zeitgleich mit dem Familiennachruf erscheinen und als Anzeige nicht größer ausfallen. Vor dem Namen des Verstorbenen steht hier in jedem Fall „Herr“ oder „Frau“, im Gegensatz zur Familienanzeige. Weiter sind in der Anzeige zu erwähnen:

- der Name des Verstorben, evtl. akademische Titel, bei Frauen der Geburtsname
- Auszeichnungen bzw. Ehrungen (Bundesverdienstkreuz o. ä.) können, müssen aber nicht aufgeführt werden

- Name und Anschrift des Unternehmens erscheinen auf keinen Fall größer oder auffälliger als der Name des Verstorbenen. Bei Institutionen, Vereinen, Clubs erscheint keine Anschrift
- Datum und Uhrzeit der Beisetzung werden bei einem Firmennachruf nur dann angegeben, wenn die Familie dies wünscht. Sonst kann die Traueranzeige auch nach der Beisetzung erscheinen. Mitun-

ter bittet man Trauergäste nur zur Trauerfeier, weil die anschließende Beisetzung in aller Stille erfolgen soll.

Eine Todesanzeige in der Zeitung wird nicht alle Personen erreichen. Sie können zusätzlich Trauerbriefe versenden. Ein Trauerbrief sollte doppelseitig (die erste Seite wird bedruckt) mit schwarzem Rand sein und wird zum Einlegen in den Briefumschlag so gefaltet, daß die Schrift innen ist. Sorgen Sie dafür, daß der Brief möglichst an dem Tag zugestellt werden wird, an dem auch die Bekanntmachung in der Zeitung erfolgt.

Immer entscheidend: der Wille der Hinterbliebenen.

Trauerbrief und Zeitungsanzeige enthalten den gleichen Text.

Wenn Sie eine Todesanzeige erhalten, kondolieren Sie umgehend. Das Wort kondolieren kommt von lat. condolere und bedeutet „mit jemandem Schmerz empfinden". Vermeiden Sie Floskeln, übertreiben Sie nicht und greifen Sie nicht auf einen vorgegebenen Text zurück. Ihr Brief sollte nicht zu kurz ausfallen.

Erfahren Sie vom Tod eines Geschäftspartners oder -freundes, so werden Sie dem Unternehmen, das den Todesfall anzeigt, einen maschinengeschriebenen Beileidsbrief senden. Anrede und Grußformel führen Sie jedoch handschriftlich aus. Wenn Sie einen sehr persönlichen Brief abfassen, so schreiben Sie vor den Firmennamen den Namen dessen, dem Sie kondolieren. Anderenfalls adressieren Sie Ihren Brief an die Geschäftsleitung des Unternehmens.

Erhalten Sie die Todesnachricht von einem Familienmitglied des Verstorben und hatten mit ihm eine engere Beziehung,

dann fassen Sie Ihren Brief handschriftlich mit dunkler Tinte ab und adressieren ihn an das Familienmitglied.
Verwenden Sie für einen Kondolenzbrief nur hochwertiges Briefpapier ohne schwarzen Rand, denn der schwarze Rand ist denjenigen vorbehalten, die den Tod anzeigen. Verwenden Sie einen sogenannten Repräsentationsbogen, d. h. ohne Angabe der Bankverbindung u. ä. Versenden Sie den Brief in einem Umschlag mit grauem Futter und mit Briefmarke. Der Freistempler ist zu geschäftsmäßig. Unterlassen Sie das Hinzufügen weiterer Nachrichten. Vorgedruckte Beileidskarten sind nicht korrekt, weil sie mit schwarzem Rand versehen sind. Unmöglich ist das Kondolieren per Postkarte, Telefon oder gar Telefax.
Erhalten Sie die Todesnachricht am Telefon, werden Sie natürlich unmittelbar Ihr Mitgefühl ausdrücken. Dies entbindet Sie aber nicht von der Verpflichtung, möglichst sofort schriftlich zu kondolieren.

Kränze und Blumenspenden

Lassen Sie als letzten Gruß einen Kranz mit einer bedruckten Schleife anfertigen. Wenn Sie eine geschäftliche Beziehung zum Verstorbenen hatten, eignen sich folgende Aufschriften:

- In stillem Gedenken
- In Gedenken
- In ehrendem Gedenken

Beauftragen Sie eine Gärtnerei in Friedhofsnähe (die Adresse erfahren Sie aus den gelben Seiten oder bei der Stadt- oder Friedhofsverwaltung). Ihren Kranz oder Ihr Bu-

Ihr letzter Gruß soll Sie würdig repräsentieren.

kett sollten Sie vor der Beisetzung durch die Gärtnerei zum Grab, in die Kapelle oder zum Bestattungsunternehmer – das ist regional unterschiedlich – bringen lassen. Ist dies nicht möglich, kommen Sie bitte etwa eine halbe Stunde früher zum Friedhof, um für das Arrangement sorgen zu können.
Kranzschleifen mußten früher schwarz oder weiß sein und werden heute oft farblich mit den Blumen abgestimmt. Grautöne sind immer elegant. Kommunen wählen oft ihre Stadtfarben, Landesregierungen und Verbände die Landesfarben, Vereine ihre Vereinsfarben. Im Auftrag der Bundesregierung werden die Farben Schwarz-Rot-Gold verwandt.
Kranzschleifen haben die Funktion von Visitenkarten. Die Trauergäste sollen erkennen, wer an den Verstorbenen denkt. Wenn Sie keine Kranzschleife möch-

ten, können Sie auch eine Karte im Kuvert an den Kranz stecken. Machen Sie Ihre Trauergabe auf alle Fälle kenntlich, denn die Hinterbliebenen möchten sich bedanken. Die linke Schleifenhälfte, die „Grußschleife", kann unbedruckt bleiben oder mit einem christlichen Symbol versehen werden. Auf der rechten Seite steht bei größeren Betrieben der Firmenname, bei kleineren Betrieben häufig der Familienname.

Beisetzung, Beerdigung und Feuerbestattung

Wenn ein Mitarbeiter, Kollege oder Geschäftsfreund stirbt, sollte die Firma auf jeden Fall durch mindestens einen Repräsentanten bei der Beerdigung vertreten sein. Wer eine Traueranzeige erhält, wird bei der Trauerfeier erwartet – es sei denn, die hinterbliebene Familie wünscht eine Beerdigung in aller Stille, also nur im Kreise der engsten Verwandten. Dann reichen Bukett, Kranz oder Spende als Ausdruck des Beileids aus. Ein Kondolenzbrief muß auf jeden Fall geschickt werden.
Ein erfahrener Bestattungsunternehmer wird die Trauerfeier von A – Z professionell vorbereiten. Er muß aber über gewünschte und geplante Einzelheiten Bescheid wissen. Wenn die Hinterbliebenen mit Traueransprachen einverstanden sind, kann das Bestattungsunternehmen diese Reden der (protokollarischen) Reihenfolge nach planen. Oft sprechen Club-Vorsitzende bzw. -Präsidenten, nahestehende Personen aus Vereinen, Institutionen und Kommunen sowie Vertreter der Unternehmen, bei denen der Verstorbene tätig war. Von der Familie oder dem Bestattungsunternehmen wird entschieden, ob die Reden am offenen Grab, in der Trauerhalle oder in der Kirche gehalten werden.

Beachten Sie die Vielfalt der Möglichkeiten!

Ein absolutes Muß ist die Pünktlichkeit. Zum angegebenen Beginn der Trauerfeier müssen die Gäste bereits in der Kirche oder der Friedhofskapelle sein. Finden Trauerfeier und Beerdigung zeitlich und örtlich getrennt statt, sollten Sie sich erkundigen, wohin

Ihr Kranz geschickt werden soll.

Bei einer Feuerbestattung werden die Trauergäste die Trauerhalle des Krematoriums betreten und sich vor dem Sarg kurz verneigen. Traueransprachen und Nachrufe erfolgen in der Halle. Längere Reden müssen vorher abgesprochen werden, denn meist steht in Großstädten für jede Bestattung nur eine gewisse Zeit zur Verfügung.

Die Hinterbliebenen müssen Ihnen danken können.

Das Bestattungsunternehmen oder die Familie sollte am Eingang der Trauerhalle ein Kondolenzbuch auflegen, damit sich jeder Trauergast einträgt und die Angehörigen später ihren Dank aussprechen können. Nennen Sie außer Ihrem Namen auch den der Organisation, die Sie vertreten.

Wenn die Hinterbliebenen keine Beileidsbezeigungen am Grab wünschen, haben die Trauergäste diesem Wunsch zu entsprechen.

Ist die Familie während des Vorbeizugs der Trauergemeinde am offenen Grab anwesend, können Sie kurz verharren und sich – ohne Worte – verneigen. Ist eine solche Bitte nicht ausgesprochen, drücken Sie den Angehörigen, die in der protokollgerechten Reihenfolge (hier ist der Verwandtschaftsgrad ausschlaggebend, d. h. Partner, Kinder dem Alter nach usw.) am Grab stehen, das Beileid so kurz wie möglich aus.

Wenn Sie als Unternehmen einen Trauerfall eines Mitarbeiters oder eines Vorgesetzten/Chefs mit einem Trauerbrief anzeigen und somit zur Teilnahme an der Beisetzung bitten, sollten Sie im Anschluß an die Trauerfeier Ihre Gäste bewirten. Es ist üblich, der Traueranzeige eine gesonderte Einladung mit einem Hinweis darauf beizulegen. Oder Sie kündigen sogar einen separaten Trauerakt des Unternehmens an, z. B.: „Zu einer gesonderten Trauerfeier wird in den nächsten Tagen eingeladen." Dazu müssen Sie die engsten Familienangehörigen des Verstorbenen einladen. Diese Feier wird musikalisch eröffnet und beendet, die Trauerreden werden ebenfalls durch Musik abgegrenzt. Im Anschluß wird ein Imbiß (Empfang, s. S. 75/76) gereicht.

Ihre Kleidung

Je näher Sie dem Verstorbenen standen, desto dunkler ist Ihre Kleidung. Herren wählen einen schwarzen oder sehr dunklen Anzug und tragen immer eine schwarze Krawatte, schwarze Socken und Schuhe, evtl. einen schwarzen Hut.
Damen tragen schwarze oder sehr dunkle Strümpfe, schwarze Schuhe und keinen oder wenig Schmuck. Die Kleidung ist dunkel bis schwarz ohne Dekolleté und immer mit bedecktem Arm. Wenn ein Hut getragen wird, ist er schwarz und ohne auffällige Dekoration. Mäntel und Schirme sind ebenfalls dunkel.

6 Imageveranstaltungen

Im Brockhaus wird erklärt: „zu lateinisch imago Bild(nis), Abbild, Vorstellung. Ein im Bereich der Werbepsychologie, Motiv- und Marktforschung verwendeter Begriff, der ein gefühlsbetontes, über den Bereich des Visuellen hinausgehendes Vorstellungsbild über bestimmte Meinungsgegenstände (z. B. Marken, Firmen, Personen) bezeichnet. Das Image bildet somit eine Ganzheit von Gefühlen (z. B. Sympathie) und sachlichen Informationen (z. B. über die Leistungsfähigkeit eines Produktes) und Handlungsabsichten (z. B. Kaufbereitschaft gegenüber einer Marke), die durch einzelne Merkmale (z. B. Preis, Farbe) dominiert werden kann."

Fachliche Information plus Unterhaltungsprogramm.

Bei einem Tag der offenen Tür oder einem Presseempfang öffnet sich die Firma nach außen. Gäste, die Sie dazu einladen, sollen einen bestimmten Eindruck mit nach Hause nehmen. Es liegt an Ihnen, diesen Eindruck in die gewünschte Richtung zu lenken. Oft findet nach der eigentlichen Veranstaltung, die von Fakten, Reden, Präsentationen etc. gekennzeichnet ist, ein Treffen mit den Gästen statt, bei dem die Gastgeber versuchen sollten, im informellen Rahmen ihre Botschaften abzusichern oder einfach ein Feedback zu erhalten.
Ihr „dienstliches" Interesse steht bei jeder Imageveranstaltung im Vordergrund. Wie Sie Ihre Gäste empfangen, betreuen und verabschieden sollten, wurde schon auf S. 61-69

behandelt. Insbesondere bei der Betreuung von Besuchergruppen ist Fingerspitzengefühl gefragt

Tag der offenen Tür

Bei einem Tag der offenen Tür stehen die Öffentlichkeitsarbeit und der PR-Effekt im Vordergrund. Sie wollen auf Ihren Handwerksbetrieb, Ihr Unternehmen, Ihre Institution aufmerksam machen und die Tür für Besucher öffnen. Und da PR-Arbeit betrieben werden soll, vergessen Sie auf keinen Fall, die örtliche Presse einzuladen!
Auch der Einzelhandel kommt immer mehr auf dieses Instrument zurück. An einem solchen Tag sind die Geschäftsräume während der Ladenschlußzeiten, z. B. sonntags, geöffnet. Der potentielle Kunde soll sich in Ruhe vom Angebot überzeugen.

Nachfolgend einige Tips:

- die örtliche Presse rechtzeitig einladen
- Honoratioren des Ortes einladen
- prüfen, ob die für die Betreuung der Gäste erforderlichen Mitarbeiter verfügbar sind
- Aufgaben an diese Mitarbeiter verteilen
- Stadt-/Gemeindeverwaltung nach gesetzlichen Regelungen fragen, die evtl zu beachten sind, z. B. bei Sonntagsveranstaltungen
- evtl. Musiker/Künstler engagieren
- Ihren „Tag der offenen Tür" in der Regionalpresse ankündigen

Ein Tag der offenen Tür kann ab 10.00 Uhr beginnen und je nach Jahreszeit bis 17.00 Uhr dauern. Berücksichtigen Sie, daß Ihre Gäste kommen und gehen werden, wie sie möchten. Lassen Sie „die Fahnen we-

Immer wichtiger für immer mehr Unternehmen.

hen", sie sollen zeigen, daß etwas los ist bei Ihnen. Hissen Sie die Firmenflagge oder ersatzweise die Flagge Ihrer Stadt oder des Landes.
Informieren Sie Ihre Gäste durch Mitarbeiter oder gedruckte Tagesprogramme, wie der Ablauf geplant ist. Wichtig ist, daß immer ein Angehöriger des Unternehmens am Eingang steht und den Gästen Hinweise zum Ablauf gibt.
Möchten Sie Ihren Gästen zuerst in einem Vortragsraum einen Überblick über Ihr Unternehmen geben? Oder bitten Sie gleich zum Informationsrundgang?

Verpacken Sie die Informationen möglichst unterhaltsam!

Bei Betriebsrundgängen sollte die Gruppe nicht mehr als 20 Personen umfassen.
Machen Sie gleich am Anfang auf Besonderheiten aufmerksam, z. B. daß Fotografieren nicht erlaubt ist.
Überfordern Sie Ihre Besuchergruppen nicht mit zuviel Information. Ein Rundgang in einem großen Betrieb sollte auf keinen Fall länger als zwei Stunden dauern. Bieten Sie Ihren Gästen weitere Informationen im Sitzen; eine Videovorführung ist immer willkommen.
Nach dem Rundgang verabschieden Sie Ihre Gäste, danken für das Interesse und laden evtl. zum Imbiß ein.
Die Gäste wollen sich informieren und auch amüsieren. Soll eine Musikkapelle auftreten? Ein Tag der offenen Tür muß fröhlich sein; eine Blaskapelle paßt sehr gut. Vielleicht können Sie eine Musikschule oder Jugendblaskapelle engagieren und zugleich fördern, das kommt an!
Haben Sie vor, im Anschluß an das Besichtigungsprogramm Ihre Gäste im Gebäude oder in einem aufgestellten Festzelt zu

bewirten? Ein Imbiß dient dem körperlichen Wohlbefinden, und die Gäste können über Ihre Veranstaltung diskutieren. Wenn Sie die Bewirtung nicht im eigenen Haus organisieren können, lassen Sie sich von einer Cateringfirma oder einem Partyservice beraten. Sparen Sie hier nicht am falschen Ende. Legen Sie genügend Informationsmaterial (Firmenprospekte, Übersicht über die Produktpalette etc.) über Ihr Unternehmen aus! Ihre Besucher sollen sich lange an Sie und Ihre Firma erinnern. Geben Sie ein sogenanntes Giveaway (= kleines Präsent) mit. Das kann ein Luftballon für die jüngeren Gäste sein oder ein Kugelschreiber oder ein Erzeugnis aus Ihrem Haus. Diese Präsente legen Sie zusammen mit dem Informationsmaterial am Werkstor oder Ausgang zum Mitnehmen aus.

Ein paar Regeln für die Betreuung von Besuchergruppen:

- Begrüßen Sie Ihre Gäste, stellen Sie sich und Ihr Unternehmen vor.
- Lassen Sie Ihre Gäste Fragen stellen, und geben Sie Antwort. Nehmen Sie jede Frage ernst.
- Lassen Sie Ihre Gäste den Grund der Veranstaltung wissen, z. B., daß Sie ein neues Produkt vorstellen.
- Informieren Sie über den Programmablauf. Geben Sie – wenn es mehrere Programmpunkte gibt – schriftlich den Tagesablauf bekannt. Sie können Programmzettel verteilen oder auflegen oder am Eingang aushängen.
- Zeigen Sie Ihren Besuchern, daß Sie sich über ihr Kommen wirklich freuen.
- Bewirten Sie Ihre Gäste mit Getränken, einem kleinen Imbiß oder einem kalt-warmen Büfett.
- Unterhalten Sie Ihre Besucher mit einer Musikdarbietung, einem Zauberer, einer Vorführung o. ä.
- Planen Sie genügend Personal für die Betreuung ein. Betriebsrat einbeziehen!

Pressekonferenz

Pressekonferenzen oder Presseempfang sind effiziente Instrumente der Öffentlichkeitsarbeit. Bemühen Sie sich um ein gutes Verhältnis zur Presse, vor allem zur regionalen. Denn mit einer „guten Presse" fördern Sie den Bekanntheitsgrad Ihres Unternehmens und erhalten dazu eine kostenlose Werbung.

Fragen Sie sich zuerst, ob Ihr Thema wirklich wichtig genug für eine Pressekonferenz, d. h. für die Öffentlichkeit interessant ist.

Pressekonferenzen sind angebracht, wenn Sie informieren wollen über

- Bilanzen, Jahresabschluß

- Unternehmensentscheidungen
- Vorstellung neuer Produkte
- Eröffnung eines neuen Werkes

Wenn Sie mit der Organisation von Pressekonferenzen keine Erfahrung haben, engagieren Sie einen externen, professionellen Fachmann, gewöhnlich einen Journalisten. Ein solcher Berater weiß, wie Sie die Presse behandeln müssen, ob Sie nun über eine negative Unternehmensentscheidung zu berichten haben oder eine positive Meldung geben können. Er hat Erfahrung im Umgang mit Journalisten der regionalen bzw. überregionalen Presse und deren unterschiedlichen Arbeitsbedingungen.
Er weiß auch, ob der geplante Termin mit einem anderen kollidiert, und wird Ihnen raten, eine Pressekonferenz weder vor 11.00 Uhr noch am späten Nachmittag festzusetzen, denn er kennt die Arbeitszeiten seiner Kollegen. Vielleicht wird er Ihre Pressemitteilung mit dem Wort „Sperrfrist“ versehen. Damit markiert man Artikel, die erst nach einer Aktion, einer Rede zum Beispiel, veröffentlicht werden sollen. Der Verlag wird für den richtigen Zeitpunkt der Veröffentlichung sorgen, damit die Meldung auch wirklich aktuell ist, und er wird Sie beraten können, welche Zeitungen bzw. Medienvertreter Sie einladen sollen.

Es ist nicht so einfach, die Presse zu interessieren.

Wenn Sie Journalisten einladen: Erkundigen Sie sich, welcher Journalist in der jeweiligen Redaktion zuständig ist. Schreiben Sie ihn mit dem Namen an. Sie tun gut daran, sich der Presse bei Aufnahme Ihrer Tätigkeit vorzustellen, vielleicht sogar persönlich. Bitten Sie die Journalisten

einzeln zu einem persönlichen Gespräch, damit man sich kennenlernt.
Zu einer regionalen Pressekonferenz laden Sie etwa zehn Tage vorher ein. Eine überregionale kündigen Sie etwa sechs Wochen vorher an, und laden Sie zwei Wochen vorher nochmals schriftlich ein. Bitten Sie immer um Rückantwort. Wenn Sie keine Rückmeldung erhalten, bringen Sie sich telefonisch in Erinnerung. Lassen Sie aus Ihrer Einladung den Anlaß erkennen, geben Sie Termin und Ort der Veranstaltung bekannt und auch, ob ein Imbiß angeboten wird.
Lassen Sie eine Presseinformation, mindestens einen sogenannten Merk- oder „Waschzettel" (ein DIN-A4-Blatt) oder eine „Pressemappe" vorbereiten. Hier hinein gehören Informationen über die wichtigsten Firmendaten und das eigentliche Thema. Heften Sie diese Informationen entweder in eine Klarsichtmappe oder, wenn sie nicht so umfangreich sind, legen Sie sie in eine Klarsichthülle. Gerne gesehen wird, wenn Sie auf diese Unterlagen etwas Süßes legen.
Haben Sie vor, auch Vertreter der ausländischen Presse einzuladen, achten Sie auf korrekte Übersetzung der Texte. Auch sollten Sie für Ihre Pressekonferenz Dolmetscher einsetzen, falls Sie oder Ihre Mitarbeiter nicht in der Lage sind, perfekt zu übersetzen.
Lassen Sie die Medienvertreter auf keinen Fall warten, beginnen Sie Ihre Pressekonferenz pünktlich.
Allzu lange An- und Abreisezeiten sind nicht beliebt, Sie handeln sich Absagen ein.
Bewirten Sie Ihre Gäste im Anschluß mit einem Imbiß oder kalten Büfett (s. S.73).

Halten Sie sich an das bewährte Dreigestirn: so kurz wie möglich, so informativ wie möglich, so präzise wie möglich.

7 Begleit- oder Rahmenprogramm

Noch vor einigen Jahren wurde regelmäßig vom „Damenprogramm" gesprochen. Heute spricht man vom „Begleit- oder Rahmenprogramm".

Wenn Sie bei mehrtägigen Veranstaltungen die jeweiligen Partner mit einladen, werden Sie mehr Gäste für eine Teilnahme begeistern können. Ein interessantes Rahmenprogramm wirkt erfahrungsgemäß förderlich auf Ihren Erfolg. Der Tagungsteilnehmer kann die wenigen freien Stunden mit seinem Partner verbringen, der Partner fühlt sich vom Geschehen nicht ausgeschlossen, sondern eingebunden. Sie sollten jedoch darauf achten, daß beide Gruppen in einer gemeinsamen Veranstaltung zusammengebracht werden; vorzugsweise zum gemeinsamen Essen.

Das angepaßte Rahmenprogramm

Wo planen Sie Ihre Veranstaltung, wieviel Zeit steht für das Rahmenprogramm zur Verfügung, und wieviel darf es kosten? Während es bei Kongressen üblich ist, für das Begleitprogramm eine Gebühr zu erheben, was in der Einladung vermerkt sein muß, werden Sie bei einer kundenorientierten Veranstaltung selbstverständlich keine Zahlung verlangen. Sie werden Teilnehmern aus einem Handwerksbetrieb ein anderes Programm anbieten als Mitgliedern eines Sportvereins oder Vorstandsmitgliedern aus Industrieunternehmen. Kommen Ihre Gäste aus einer Kleinstadt zu Ihnen in die Großstadt, sind eine Stadtrundfahrt und ein bißchen Shopping interessant. Wichtig ist

nur: Ihre Gäste dürfen sich niemals langweilen.
Greifen Sie auf Tips der Touristikinformation oder des Verkehrsamtes zurück. Gerade diese Stellen sind interessiert, „Ihre Stadt" von der schönsten Seite zu zeigen. Man hilft Ihnen dort auch, Stadtrundfahrten oder kulturelle Veranstaltungen zu organisieren und gute Stadt- bzw. Museumsführer zu bekommen.
Lassen Sie sich Stadtpläne oder Faltprospekte geben. Versenden Sie dieses Zusatzmaterial mit der Einladung oder der Bestätigung. Ihre Gäste können dann entscheiden, ob sie sich am Rahmenprogramm beteiligen oder den Tag allein gestalten wollen.
Ein gemeinsames Abendprogramm sollte zeitlich vom Tagesprogramm getrennt werden. Lassen Sie Ihren Tagungsteilnehmern und den Teilnehmern des Rahmenprogramms ein bis zwei Stunden, um sich auszuruhen, zu telefonieren und sich umzuziehen.

Die Einladung

Das Rahmenprogramm wird im offiziellen Tagesprogramm Ihrer Einladung aufgeführt.
Geben Sie dabei an, ob Sport- und/oder Abendbekleidung einzupacken ist. Ein Vermerk auf dem Tagesprogramm, das erst bei Ankunft verteilt wird, kommt zu spät.
Bei den Begleitprogram-

men müssen nicht immer alle Details Wochen vorher minutiös feststehen. Überreichen Sie Ihren Gästen das Programm am Tag ihrer Ankunft (s. S. 64).
Gestalten Sie das Programmpapier so, daß es einen raschen Überblick bietet. Es sollte in die Hand- oder Blazertasche passen. Verwenden Sie festes Papier, das gut gefaltet werden kann. Wechseln Hotels und Orte, sind Ihre Teilnehmer für ein Anschriftenverzeichnis samt Telefon- und Faxnummern dankbar. Geben Sie zusätzlich an, wie der Organisator oder die Begleitperson dieser Veranstaltung erreichbar ist.

Der Inhalt

Die Gestaltung eines Tagesprogramms ist nicht besonders schwierig; denn fast alle Menschen besichtigen gern Schlösser, Museen, Städte und Kirchen. Doch Vorsicht: Bei Andersgläubigen kann ein Kirchenbesuch zu einem Ärgernis werden.
Beliebt sind auch Bootsfahrten. Oder die Betriebsbesichtigung Ihrer Firma mit Überreichung eines kleinen Präsents, einfache Wanderungen, sportliche Aktivitäten wie ein Tennis- oder Golfturnier für Gäste, der Empfang im sehenswerten Rathaus.

Die Partner Ihrer Geschäftspartner sind ebenfalls Ihre Zielgruppe!

Gästen, die sich nicht am Rahmenprogramm beteiligen wollen, geben Sie Tips. Da kann ein Stadtprospekt nützlich sein.
Ein Programm für den Abend ist schwerer zu gestalten. Wenn Ihre Stadt ein Opern- oder Festspielhaus hat, bietet sich ein gemeinsamer Besuch an. Treffen Sie sich vor der Vorstellung zu einem Imbiß/Cocktail oder nachher zu einem Souper (s. S. 73 und S. 77).

Ein Programm kann so aussehen:

Rahmenprogramm

10:00 Uhr	Eintreffen aller Gäste am Ort der Veranstaltung Begrüßung
10:30 Uhr	Stadtrundfahrt
12:00 Uhr	Empfang im Alten Rathaus
13:00 Uhr	Mittagessen im Restaurant
15:00 Uhr	Hafenrundfahrt mit Erklärungen bei Kaffee, Tee, Kuchen
17:00 Uhr	Fahrt ins Hotel
20:00 Uhr	gemeinsames Abendessen im Restaurant

Sie erreichen Ihren Fahrer während des Tages unter Telefon 040/123456, ab 20.00 Uhr unter 0171/987654

Am nächsten Tag:
Frühstück
10:00 Uhr Verabschiedung der Gäste

Wer eine solche Gruppe begleitet, muß topfit sein.

Ein Abendessen in einem gehobenen oder typischen Lokal ist eine Alternative.
Wenn Sie tagsüber bereits viel Kultur hatten, wie wär's, quasi als Kontrastprogramm, mit einem sportlichen, geselligen Kegelabend?
Wählen Sie die Begleitperson sorgfältig aus. Denn eines sollten Sie nie tun: die Gruppe sich selbst überlassen. Sie muß vielmehr ständig begleitet, zusammengehalten und betreut werden. Einzelgänger sollen integriert, Probleme und Fragen sicher, individuell und souverän beantwortet werden.

Das Fahrerprogramm

Zu einem perfekten Rahmenprogramm gehört auch

Programmheft für Ihren Fahrer mit Zeitplan und Wegbeschreibung

10:00 Uhr Eintreffen am Alten Rathaus
23:00 Uhr Ende der Gesamtveranstaltung

Die Anfahrt ersehen Sie aus beigefügtem Kartenausschnitt
Parken: Das Parkhaus direkt am Alten Rathaus ist für die Veranstaltung reserviert; weisen Sie sich mit dem Programmheft aus.
Wichtige Telefonnummern während der Veranstaltung:
040/123456 Organisationsbüro;
0171/98765 Mobilfunk Organisationsbüro

Das Fahrerprogramm
ab 12:00 Uhr Mittagessen in der kleinen Ratsstube.
Bitte legen Sie den beigefügten Essensgutschein vor.
Freizeitprogramm: Sie können sich das Schiffahrtsmuseum und/oder die neue Yacht Blue Eyes ansehen (zehn Fußminuten vom Alten Rathaus entfernt). Bitte sorgen Sie selbst dafür, daß Sie jederzeit telefonisch erreichbar sind
ab 18:00 Uhr Abendessen im Fischrestaurant am Hafen (zehn Fußminuten vom Alten Rathaus entfernt).
Ein eigener Telefonanschluß ist geschaltet.
Bitte legen Sie den beigefügten Essensgutschein vor.

ein „Fahrerprogramm". Richten Sie ein „Fahrerlager" ein, das in der Nähe der Veranstaltung oder der Parkplätze liegen sollte, damit der Fahrer das Fahrzeug schnell erreichen kann. Der Aufenthaltsraum ist mit Telefon (sehr wichtig!), Radio, Zeitschriften und Spielkarten ausgestattet. Auch an einen Imbiß sollten Sie denken. Stellen Sie viele alkoholfreie Getränke auf die Tische.

Register